성공학 개론

이태교의

성공학 개론

Success Studies
Introduction

성공 메이커(Success maker)로 살아보자

이태교 지음

솔과학

내 인생에 쌍무지개를 띄우자

인간은 태어나면서부터 성공을 향해 줄달음치는 존재다. 우리는 학교에 입학하면서 부모로부터 성공이란 단어를 듣는다. 우리의 삶에서 성공이란 너무나 값진 용어이기 때문일 것이다. 그래서인지 서점에는 성공에 관한 책들이 차고 넘친다. 그러나 그 많은 성공학 책들 중에는 우리가 성공하기 위해서 반드시 지켜야 할 철칙들을 제대로 소개한 책들은 찾아보기 힘들다. 그래서 필자는 먼저 우리가 성공하기 위해서 반드시 지켜야 할 '성공학의 황금률'부터 소개하고자 한다. 이 황금률들은 기존에 출간되었던 성공학 책들을 참고해서 발췌, 수정한 내용들이다. 여기에다 우리 역사와 세계사를 통해서 전해오는 성공한 사람과 실패한 사람들의 대표적인 사례, 그리고 내가 살아오면서 만났던 성공자, 실패자 그리고 나 자신이 체험한 성공과 실패의 사례들을 바탕으로 내용을 꾸몄다. 이 책의 편집의 뼈대는 현재도 미국 부동산 중개업계에서 성공학의 교과서처럼 평가받고 있는 Gayl 저, 〈30 Keys to success in real estate business〉를 참고했다.

이 책을 집필하면서 내가 알게 된 것은 "성공에는 절대로 우연이나 기적이 없다"는 진리를 발견한 것이다. 성공과 실패, 두 단어에서 성공에는 반드시 성공할 수밖에 없었던, 반대로 실패하지 않을 수 없었던 이유가 숨어있었다는 사실을 알게 되었다. 성공한 사람들은 그들은 인생 출발점부터 달랐다. 그들은 시작부터 성공의 씨를 뿌렸던 사람들이었다. 그들의 성공은 바로 심은 대로 거둔 열매였다. 한 가지 놀라운 사실은 성공학의 대가들이 세계에서 성공한 많은 사람들을 대상으로 성공 요인을 조사, 분석해본 결과 한 사람의 지능과 학식 등 지적 요인이 그 사람의 성공에 미치는 영향은 불과 30%에 불과하고 나머지 70%는 사람들과의 인간관계 즉 인적 네트워크에 의해 결정된다는 사실을 밝혀낸 것이다. 이 때문인지 "성공은 내가 하는 것이 아니라 남이 시켜주는 것이다"라는 말까지 나오고 있는 실정이다. 그리고 근원적으로 성공한 사람들은 먼저 자기의 인생목표를 확고히 세우고 이 목표를 달성하기 위한 과정에서 닥치는 어떠한 시련도 극복하면서 끝까지 포기하지 않고 전력투구한 사람들이었다.

여기에 이들은 인간관계에서 다음 두 가지의 원칙을 지킨 사람들이었다. 그 첫 번째가 바로 '정직'이다. 이들은 이 정직을 시종일관 고수(固守)해온 사람들이었다. 이들은 한평생 정직을 생활의 기본 철학으로 삼고 이를 그냥 지킨 것이 아니라 '고수'하며 살아온 사람들이었다. 그 다음의 원칙은 인간관계에서 언제나 자신을 땅

바닥까지 낮추는 '겸손'을 실천하면서 살아온 사람들이었다. 그리고 성공한 사람들은 매사에 접근하는 방법부터 실패한 사람들과는 달랐다. 이들은 자신의 단점을 고치려는데 시간을 낭비하지 않고 자신의 장점을 최대로 살리기 위해 전력투구한 사람들이었다. 한마디로 남들과는 정반대로 생각하고 행동하면서 자기다움을 지킨 사람들이었다.

이 책을 통해 우리 각자가 성공 메이커로 살아갈 수 있기를, 쌍무지개를 띄우는 인생을 살아갈 수 있기를 바란다.

Part1
성공의 대전제

01

경영환경 변화와
디지털 트랜스포메이션

성공의 개념을 파악하라

뜻글인 한자로 成功을 풀이해보면 成자는 이루다, 이루어지다이고, 功은 힘을 들여서 이루어낸 결과라는 뜻이다. 즉 성공이란 목적을 이루거나. 뜻을 이루거나, 사회적인 지위를 얻음을 의미하는 것이다.

우리 사회에서는 흔히들 평가하기를 성공한 사람이라면 적어도 명예(名譽), 지위(地位), 돈(富) 등 이중 어느 하나를 갖추어야 성공의 요건을 구비했다고 말하기도 한다.

영어로는 '성공(Success)'을 'A favorable or prosperous termination of anything attempted'라고 정의하는데 그 뜻은 "성공이란 시도했던 일들이 바람직한 결말에 도달한 것을 말한다."

Success comes in many sizes and shapes라고 설명하고 있는데 즉 성공은 우리에게 여러 가지 크기와 여러 가지 형태로 다가온다는 것이다. 때문에 우리가 주관적으로 생각하는 성공과 객관적 성공에는 크기에도 형태에도 엄청난 차이가 있다.

성공한 사람은 실패한 사람이 하지 않는 일을 한 사람들이다

인간관계의 성공이란 한번 만난 다음 "다시 만나고 싶은 사람", "다시 보고 싶은 사람이 되는 것"이다. 그렇게 되기 위해서는 우리는 시대를 앞서가는 교양과 지식을 구비하고, 그리고 온갖 최신정보를 가져야 하며, 인간관계에서는 나의 富(부)가 아니고 상대방에게 富가 되고 나에게는 負(부)가 되는 거래를 해야만 한다. 즉 사자성어로 말하면 適者生存(적자생존)이 아니고 내가 손해를 보는 赤者生存(적자생존)의 철학을 실천해야 가능하다.

경제계에서 성공한 기업이란 제조업의 경우는 고객들이 그 회사 제품을 "다시 사고 싶게" 만들면 되고, 서비스업은 고객이 호감을 가지고 "다시 찾고 싶은 곳(점포, 음식점)"이 되면 성공한 기업이 된다.

나라도 마찬가지다. 성공한 국가가 되려면 외국인들이 "다시 찾고 싶은 나라"가 되면 성공한 관광 국가이다. 대표적으로 성공한 관광 국가는 싱가포르, 스위스다. 이들 국가들은 치안과 안전이 철저히 보장되고 아름다운 자연경관을 지니고, 완벽한 인프라를 구비하고 있을 뿐 아니라 국민들은 외국 관광객들에게 철저히 친절하다.

성공의 반대말은 '실패'가 아니라 '포기'이다

고객을 상대하는 비지니스에서 남성고객들은 자기를 알아주는 사람에게, 여자는 자기를 아름답다고 말하는 사람에게 호감을 가진다. 만나는 상대나 고객들을 왕이나 왕비처럼 느끼게 대접하면 개인이나 기업은 반드시 성공한다.

02

우리는 왜 성공해야 하는가?

우리 인생은 재생(再生)이 불가능한
한 번뿐인 인생이기 때문이다

포도원에 들어갔던 여우 한 마리의 고백. 한 마리의 여윈 여우가 포도원에 몰래 침입해 포도를 마음껏 먹고는 몸이 불어나서 도망쳐 나올 수 없어 할 수 없이 며칠 굶어 몸이 여윈 뒤 포도원을 빠져나올 수 있었던 여우가 고백하는 말. "결국 뱃속은 들어갈 때와 나올 때가 같구나."

인간도 알몸으로 태어나서 죽을 때도 역시 똑같이 알몸으로 죽는다. 그런데 사람은 죽어서 가족, 부와 선행 이 셋을 이 세상에 남긴다. 그러나 선행 이외에는 그리 대단한 것이 못 된다.(탈무드, 포도원)

우리가 실패하면 우리 사회의 비주류, 하류층으로 전락한다. 이렇게 되면 모든 것이 비참하게 되고, 기본적인 자기 권리행사도 불가능할 뿐 아니라 인생 막장을 헤매게 된다. 내 주위의 모든 사람들이 나를 업신여기고 괄시(恝視)하기 시작한다. 때문에 항상 기분이 나빠진다. 이는 곧 울분, 폭주, 분통, 흥분, 우울증, 대인기피증, 건강악화, 운이 나쁘면 돌연사로 이어지기도 한다. 매사가 불편해진다. 결정적으로 참을 수 없는 고통은 살아오면서 신세진 사람들에게도 어떤 형태의 사후관리도 할 수 없다. 인간의 도리를 하는 것이 불가능하다. 마음속으로는 은인에게 신세를 갚겠다고 생각하고 있으나 경제적 여유가 없어 최소한의 도리도 할 수 없는 처지가 되고 만다.

실패한 나에게는 즉각 '작, 줄, 떠'라는 놀라운 현상이 일어난다

실패한 사람에게는 곧바로 '작, 줄, 떠' 현상이라는 비참한 일이 벌어진다. '〈작, 줄, 떠〉 현상'이란, 나의 꿈 등 모든 것이 '작아지고', 모든 것이 '줄어들고', 가장 가까웠던 사람이 제일 먼저 떠나기 시작하면서 결국에는 모두가 나를 '떠나 버린다'.

작아지는 것들은 꿈, 자신감, 소신, 용기, 의욕, 아량, 이해심, 결국 마지막에는 한없이 비겁해진다, 가장 무서운 현상은 꿈을 잃어버린 채 매사에 눈치를 보게 되고 한없이 초라해진다.

줄어드는 것들은 수입, 지위, 감투, 차량의 크기, 만나는 사람, 참석하는 모임, 신용(사회적 자본), 은행잔고, 지갑의 카드 수와 부피. 특히 실패하면 곧바로 모든 모임의 회장, 부회장, 총무 등 간부직에서 자동 퇴출된다.

衣(의), 食(식), 住(주)에도 혁명적 변화가 일어난다. 의복의 변화는 맞춤 양복 → 기성복 → 세일제품 → 떨이제품, 마지막에는 남이 입던 헌옷 순이다. 식사 패턴의 변화는 고급호텔식당 → 한정식 → 칼국수 → 기사식당 → 김밥집 → 커피전문점 등이다. 주는 고급 주상복합 → 빌라 → 아파트 → 연립주택 → 다가구 → 고시원 → 판자집. 소유형태도 자가에서 전세, 월세로, 주택의 평수, 땅의 넓이, 사무실 평수가 줄어든다.

통근패턴의 변화에도 기사 딸린 자가용 → 오너 드라이버 → 버스, 전철, 마을버스 → 11호 자가용. 음주패턴의 변화에는 룸살롱 → 단란주점 → 비어홀 → 포장마차 → 편의점 → 자기 방 순이 된다.

실패했다는 소문이 세상에 나면 막판에는 아예 사람을 만나는 약속이 없어진다. 인맥도 자동적으로 끊어진다. 행패를 부려야 겨우 한 번 정도 약속이 마련된다. 결국 혼자 남는다. 아무도 날 찾는 사람이 없어 한없이 외로워진다.

떠나는 것들에는 배가 파산할 조짐이 보이면 제일 먼저 배안에 살고 있던 쥐새끼들이 특유의 동물적 감각으로 이를 인지해서 사람보다 먼저 배를 빠져나가 버린다고 한다. 내가 힘이 있거나 재력이 있을 때 밀물처럼 내 주변에 모여들었던 기회주의적인 인간들은 내가 권력이나 재력을 잃었다고 소문이 나게 되면 제일 먼저 썰물처럼 빠져나가 버린다.

영원히 함께 할 것이라고 믿었던 애인은 물론 심지어 부인(마누라란 마주 누우라고 마누라, 돌아누우면 남이 된다), 자식, 친척, 친구, 전직 직장동료, 동창, 사회생활에서 알게 된 사람(나의 실패 정보를 최종적으로 알게 되니까). 사회적 명망이 있는 인사라면 망했다는 뉴스가 알려지는 순간 최측근인 비서, 기사, 간부, 비즈니스로 인연을 맺은 거래선 등.

어느 누구도 마음대로 만나지 못한다. 면회가 불가능하다. 나를 상대해 주지 않는다. 전화를 해도 리턴콜이 없다. 누군지 알면서도 절대 받지 않는다. 스마트폰은 착신을 거짓말을 하지 못하는데도 말이다. 모임이나 길거리, 심지어 버스나 전철에서 분명히 지인을 만났는데도 나를 보고도 못 본 체하거나 외면해 버린다. 하루종일 있어도 아무도 찾지 않는 고독한 외톨이가 된다, 낙동강 오리알 신세다. 심지어 가장 믿었던 친구와 오랫동안 다져왔던 의리도 사라지고 만다. 실패한 자에게는 의리라는 단어는 찾아볼 수 없는 것이다.

성공했기 때문에 만족하는 것이 아니라
만족하기 때문에 성공하는 것이다

- 성공에 관한 성경 말씀
- 재물은 많은 친구를 더하게 하나 가난한즉 친구가 끊어지느니라.(잠언 ; 19장 ; 7절)
- 가난한 자는 그의 형제들에게도 미움을 받거든 하물며 친구야 그를 멀리하지 않겠느냐. 따라가며 말하려 하는 자라도 그들

이 없어졌으리라.

• 성공에 관한 명언

- 승자는 강한 자에게 강하고 약한 자에게는 약하다.

  패자는 강한 자에게는 약하고 약한 자에게는 강하다.(일본이

  대표적인 사례국가이다.)

- 승자는 자기보다 우월한 자를 보면 존경하고

  패자는 자기보다 우월한 자를 만나면 질투한다.

- 성공이란 의도했던 일이 바람직하게 결말에 도달한 것을 의미

  한다.

  (Success-A favorable or prosperous termination of anything at-

  tempted.)

- 주관적인 행복은 성적순이 아닐지 몰라도 객관적인 성공은 성

  적순이다.

- 억만장자의 가장 큰 재산은 많은 돈이나 부동산이 아니다. 그

  의 최대의 재산은 억만금을 만들었던 힘 곧 '성공의식'이다.

- 인간의 욕망은 무한대이다. 따라서 성공의 크기와 형태는 사

  람의 주관적인 기준과 사회가 그를평가하는 기준을 다를 수

  있다. 그러나 자기 분야에서 일가를 이루었거나 사회의 평균

  보다 상위의 위치를 차지했다면 성공했다고 할 수 있다. 남이

  알아주지 않아도 주관적으로 자신이 성공했다고 생각하고 있

  다면 이도 또한 성공이라 해야 할 것이다.

03

성공을 위한 황금률, 정직

세상에는 성공으로 가는 가장 빠른 지름길과 성공하기 위해 반드시 지켜야 하는 황금률(黃金律)이 있다. 황금률의 첫째는 '정직'이고 둘째는 '겸손'이다.

'황금률'이란 뜻은 심오하다. 인생에 유익한 잠언(箴言, 경계가 되는 짧은 말)이다. 성공을 원한다면 성공의 황금률인 이 원칙들을 반드시 확고하게 지켜야 한다. 그래서 외국의 성공학 교과서에는 이 원칙을 "지켜라"가 아닌 "고수(固守)하라"라는 표현을 쓰고 있다.(Adhere to the golden rule). 성공을 바란다면 국가의 기본법인 헌법과도 같은 이 황금률을 평생 동안 언제, 어디서나, 어떠한 경우에도 반드시 철저하게 지켜야 한다.

항상 정직하라!(Be honest always!)

이 짧은 한 문장, 성공하기 위해서는 제일 먼저, 반드시 지켜야 할 황금률이다. 바로 〈성공=정직〉이라는 등식이 성립되는 황금률이다. 유치원에서부터 이 등식을 배우는 우리는 모두가 다 알고 있고 모르는 사람은 없다. 그러나 많은 사람들은 약삭빠르게 눈앞에 보이는 지름길을 택하고 진정 성공의 첩경인 '정직'을 외면 한 채 거짓말을 해 버린다. 인류 역사를 통해 이 평범한 진리를 실천에 옮긴 사람들은 모두 성공했다. 반대로 실천하지 않았던 사람들은 전부 실패했다. 성공을 원한다면 정직을 바탕으로 인간관계를 창조해 나가는 것이 가장 중요하다.

▷ 칸트의 양심(良心)

정직은 바로 양심을 지키는 것을 의미한다. 인류역사상 이 세상 끝까지 정직을 실천하고 지킨 대표적인 위인이 바로 철학자 이마누엘 칸트이다. 임마누엘 칸트는 도덕 철학을 높이 세운 위대한 철학자이다. 그의 묘비에는 이런 글귀가 씌어 있다.

"생각을 거듭할수록 감탄과 경외로 나의 마음을 가득 채우는
두 가지가 있다. 하나는 나의 머리 위에 별이 총총히 빛나는
하늘이며 다른 하나는 내 안의 도덕 법칙이다."

하늘의 별처럼 영원히 사라지지 않는 양심이 자기 마음속에 또

렷이 빛나고 있다는 것이다. 칸트가 도덕 법칙을 강조한 데에는 아버지의 영향이 컸다. 어느 날 그의 아버지가 말을 타고 산길을 지날 때였다 강도들이 그에게 가진 모든 것을 빼앗은 뒤 물었다.

"숨긴 것이 더 없느냐?"
"없습니다."
"그럼 이제 가거라."

물건을 모두 빼앗은 강도들은 그를 놓아주었다. 그런데 길을 가던 칸트의 아버지는 바지춤에 몰래 숨겨둔 금덩어리가 있음을 뒤늦게 발견했다. 그는 당황한 나머지 허겁지겁 강도들에게로 다시 달려갔다.

"조금 전에는 경황이 없어 숨긴 게 없다고 했지만 지금 보니 이 금덩이가 남아 있었습니다. 이것을 받으십시오."

그 말에 강도들은 기절초풍(멘붕에 빠지고)하고 말았다. 그러자 강도들은 빼앗은 물건들을 칸트 부자에게 모두 돌려주면서 그 앞에 엎드려 용서를 빌었다. 감나무에 감이 열리고 배나무에 배가 열리는 법이다. 정직한 아버지에게서 양심의 횃불을 밝힌 위대한 철학자가 태어날 수 있었던 것이다.
미국에서 열린 전국 철자 맞히기 경연대회에서 있었던 일이라고 한다.

열세 살 된 한 소년이 echolalia[èkouléiliə]의 철자를 틀리게 이 야기했으나, 심사위원이 잘못 듣고 맞았다고 하는 바람에 그 소년은 한 단계 높은 다음 단계로 넘어가게 되었다. 그러나 아이는 자기가 틀렸다는 사실을 알았다. 그래서 소년은 심사위원에게 틀린 사실을 솔직히 털어놓았고 결국 소년은 탈락했다. 그런데 다음 날 뉴욕타임스는 이 정직한 아이를 '철자 대회 영웅'으로 신문에 소개했다. 이 아이는 기자와의 인터뷰에서 "왜 솔직히 얘기했느냐?"라는 기자의 질문에 "더러운 인간이 되고 싶지 않았다."고 말했다.

우리 사회의 지도층 인사들이 공사석에서 거짓말을 밥 먹듯이 하고 심지어 법정에서 증거가 드러나도 갖은 변명으로 책임을 회피하는 장면을 매스컴을 통해서 우리는 수시로 접하곤 한다. 과연 그들의 마음속에 칸트처럼 빛나는 양심이 존재하기는 하는 걸까?. 정직한 사람이 바보 취급을 당하는 환경에서 과연 한국에서도 '철자 영웅'이 태어날 수 있을까?. 솔직히 이를 생각하면 마음이 천근처럼 무거워지는 것이 우리의 현실이다.

인류역사에 기록으로 남아 소개된 정직의 사례들이 있다

천지 지지 아지 자지(天知地知我知子知), 이 글은 하늘이 알고, 땅이 알고, 내가 알고, 자식이 안다는 뜻이다. 세상에는 비밀이 없다는 말이다. 중국 후한(後漢)의 양진(楊震)은 상서학자다. 尙書學이란, 서경의 옛말 삼경(三經) 또는 오경(五經)의 하나이다. 요순 때부터 주나라 때의 정사(政事)에 관한 문서를 수집, 공자가 편찬한 책을 말한다. 양진의 해박한 지식은 당시의 유가(儒家)에 견주어 관서(關西)의 공자라고 평가받았던 인물이었다. 그가 동래 부(東萊 郡)의 태수로 임명되어 임지로 부임하는 도중 창읍(昌邑)에 잠시 머물렀다. 이때 창읍의 현령인 왕밀(王密)이 금 10량을 뇌물로 주려하자 이를 거절하면서 남긴 유명한 말이다.

우리나라에는 과전불납리 이하부정관(瓜田不納履 李下不整冠)이란 말이 전래되고 있다. 이는 "참외밭에서 신을 고쳐 신지 말고, 오얏나무 아래에서 갓을 바로 쓰지 마라"라는 뜻으로 다른 사람들로부터 의심이나 혐의를 받을만한 행동은 처음부터 하지 말라는 뜻이다.

우리 민족의 선각자 도산 안창호 선생은 대한제국이 망하자 단신으로 도미, 미국에서 망명생활을 하는 동안 우리 교포들에게 "조선이 망해 일본의 식민지가 된 것은 우리 국민들의 거짓말 때문이었다"고 역설하면서. "꿈에도 거짓말을 하지 말라"고 호소했다.

필리핀은 제2차 세계대전 직후는 아시아의 최고로 잘사는 선진국이었고 1950년대까지도 6·25한국전쟁 때 참전한 미군들에게 군수물자를 공급하면서 경제를 부흥시킨 일본에 밀려 2위를 차지했던 경제부국이었다. 그러나 필리핀은 현재 나라의 경제가 거덜나면서 선진국에서 하루아침에 후진국으로 추락하고 말았다. 그 원인은 바로 마르코스 대통령과 그의 일가친척들이 '정직'을 외면한 채 부정부패와 독제를 일삼고 이들 일가들이 휘두른 권력과 부의 독점이 가장 큰 원인이었다.

▷ 성경과 탈무드에 강조된 정직
진리를 알지니 진리가 너희를 자유롭게 하리라.(요한복음 8 ; 32-36)
거짓말 장이에게 주어지는 가장 큰 벌은 그가 진실을 말했을 때에도 사람들이 믿지 않는 것이다(탈무드, 머리)

▷ 세계 마케팅 학에서 고전으로 꼽히는 책 '마케팅 불변의 법칙'의 저자 알 리스와 트라우트는 마케팅 법칙 열다섯 번째 항목으로 '정직의 법칙(The Law of Candor)'을 올려놓았다. '정직이 최선의 방책'이라는 말과 상통한다. 디지털 기기 등으로 막강한 정보력을 갖춘 똑똑한 소비자들 앞에서 기업들의 꼼수는 더 이상 발붙이기 어려워지고 있다. 교묘하게 속이거나 적당히 포장하는 것이 불가능하게 되었다. 이에 따라 어설픈 방법으로 고객을 설득하려 할 바엔 차라리 있는 그대로를 보여줘 진정성으로 승부하겠다는 기업이 늘고 있다.

▷ 현명한 사람 즉 현인이 되는 7가지 조건을 소개한다.〈탈무드, 탈무드의 머리〉
① 자기보다 현명한 사람이 있을 때는 침묵한다.
② 남의 이야기를 중단시키지 않는다.

③ 대답할 때에는 당황하지 않는다.

④ 언제나 핵심을 찌르는 질문을 하고 이치에 맞는 대답을 한다.

⑤ 먼저 하지 않으면 안 되는 것부터 착수하고 미룰 수 있는 것은 맨 나중에 한다.

⑥ 자기가 모를 때에는 그것을 솔직히 인정한다.

⑦ 진실을 인정한다.

▷ 정직하지 않아 실패한 사람들의 사례

우리나라에서 잔머리를 굴리다가 망한 대표적 인물, 선거에서 승리하려면 야당과 연합해야 한다고 주장하면서 잔머리를 굴리던 김모의원의 정치적 몰락이다.

2014년 4월 세계 1, 2위 자동차회사인 일본 도요타와 미국 GE는 부속품 값 몇 푼 아끼려다 600만대 이상 결함을 보상하는 바람에 회사가 뒤집어졌다. 문자 그대로 소탐대실의 대표적인 케이스이다.

인도의 케네디가에 비유되는 '내루-간디'의 집권 국민의회당이 2013년 12월 지방의회 선거에서 40년 장기 집권에다 부패에 신물이 난 국민들이 등을 돌려 참패했다.

국제정치학자들은 국가지도자가 필수로 구비해야 할 조건은 100년 앞을 내다볼 수 있는 선견성, 국익에 직결되는 일이라면 야당과 재야의 반대가 있더라도 흔들리지 않고 결단을 내릴 수 있는 과감성과 추진력, 그리고 솔선수범을 제시하고 있다. 지도자의 실

천해야 할 솔선수범의 핵심 분야는 공정한 인사와 부정부패를 척
결하는 데 모범을 보이고 앞장서는 것이다.

▷ 현대사회에는 인적 자본(노동력)과 물적 자본(생산설비)뿐만
  아니라 신뢰, 법, 제도, 규범과 같은 '사회적 자본'이 대단히
  중요하다.

사회적 자본이 축적된 나라일수록 효율성이 높고 더 높은 경제
성장을 성취했다. 우리 사회와 국가가 장차 실현해야 할 마지막 과
제는 사회적 자본을 쌓는 것이다. 신뢰를 상실한 개인이나 기업 또
는 국가는 이웃으로부터 협조를 받을 수 없다. 현대사회는 모든 분
야가 전문화되어 있기 때문에 주위의 도움 없이는 어느 누구도 원
하는 일을 해낼 수 없다. 세계가 거미줄처럼 연결된 지구촌 세상이
다. 그 연결의 바탕에는 신뢰가 놓여 있다.

개인이나 기업이 생존하기 위해서는 개방성도 대단히 중요시해
야 할 시대이다. 개방성이 중요해진 이유는 상호제휴를 위하여 정
보의 공유가 과거 어느 때 보다 필요해졌기 때문이다.

1997년 아시아가 경제(외환)위기를 맞이했을 때 선진국 경제평
론가들은 아시아 경제위기가 찾아온 것은 아시아 국가들의 신뢰성
(정직)과 개방성에 문제가 있는 사회적 자본의 후진성에 근본 원인
이 있었다고 평한 바 있다.

▷ 다음에 소개하는 최근 필리핀의 추락과 베트남과 싱가포르의

부상을 보면서 한 나라의 운명은 최고지도자의 정치철학과 통치 능력에 따라 흥할 수도 망할 수도 있다는 냉엄한 역사적 교훈을 우리들에게 경고해 주고 있다.

필리핀의 몰락이 우리에게 주는 교훈은 무엇인가

필리핀은 풍부한 천연자원, 1억에 가까운 인구에 대부분의 국민들이 영어 공부를 위해 별도의 시간과 경비를 들이지 않아도 현재 세계의 공용어가 된 영어를 마음대로 구사할 수 있는 능력을 지닌 국가이다. 세계 제2차 대전이 끝난 1945년 우리나라가 일제로부터 해방되던 당시 필리핀은 아시아에서 일본을 제치고 GDP 1위의 부국이었고 6·25 한국전쟁 때는 7천여 명의 군인들을 한국에 파병했다. 당시 한국의 유능한 인문사회계열 대학생들이 새롭게 부상하고 있던 학문인 '행정학'을 배우기 위해 마닐라대학에 유학을 갈 정도였다. 1960년대에 우리나라 최초의 돔 형 대형건물인 장충체육관과 지금의 광화문에 있는 민족박물관 건물과 쌍둥이 빌딩인 미국 대사관 건물을 설계, 시공한 건설업체도 필리핀 회사였다.

당시 마닐라 시내에는 세계에서 유일한 쌀을 연구하는 미작(米作)연구소가 있었다. 또한 마닐라에는 아시아 최초의 국제기구인 아시아개발은행(ADB)본부가 자리 잡았을 정도로 필리핀은 경제적으로도 아시아의 선도국가였다. 지난날 필리핀 막사이사이 대통령은 아시아를 넘어 세계적인 정치지도자로 존경을 받았고 필리핀은 아시아의 모범적인 자유민주주의 국가였다. 필리핀은 한국전쟁이 끝난 후에도 한국을 경제적으로 지원해 주던 부유한 나라였다.

필자가 1966년 중앙일보 정치부 청와대 출입기자로 박정희 대통령을 수행, 마닐라에서 열린 월남참전 7개국 정상회담을 취재하기 위해 필리핀을 방문했을 때 받은 충격은 아직도 뇌리에 생생하게 남아있다. 당시 베트남전쟁을 성공적으로 수행하기 위한 대책을 협의하기 위해 모인 월남참전7개국 국가정상 국제회의에는 미국의 존슨 대통령을 필두로 한국의 박정희 대통령, 호주의 홀트 수상, 뉴질랜드 홀리에크 수상, 태국 타놈 키치카초론 수상, 베트남 티유 대통령, 구엔 카오 키 수상, 필리핀의 마르코스 대통령 등이 참석했다.

그때 회의 주체국인 필리핀의 마르코스 대통령과 미스 마닐라 출신인 그의 부인 이멜다 여사는 당시 필리핀의 국가위상에 걸맞게 영화의 주인공처럼 국제회의는 물론 회의의 분위기를 주도했다. 그때 필자가 처음 발을 밟았던 수도 마닐라 시가지는 미국의 뉴욕의 맨해튼 거리가 아닌가 착각할 정도였다. 가는 곳마다 여유와 풍요의 윤기가 넘쳐흘렀다. 1966년 우리나라가 겨우 수출 1억 달러를 초과 달성했다고 온 국민이 축제를 벌이고 있을 때 필리핀은 놀랍게도 무려 6억 달러를 수출하고 있었다. 우리의 수출상품의 외화 가득률이 원가 대비 겨우 15% 전후였는데 필리핀은 파파야, 망고, 바나나, 쌀 등 원자재를 수출해서 90% 이상의 가득률을 올리고 있었다. 무역규모 면에서 우리나라는 필리핀과 비교가 되지 않았다.

그러나 마르코스 대통령이 집권하면서 시작된 부정과 부패 그리고 족벌정치가 국내 정치에서 판을 치면서 아시아에서 정상을 달리며 경제적으로 풍요를 구가하던 나라가 기울기 시작했다. 60년대 전성기로부터 불과 40년, 필자가 2016년 서울사이버대학 석좌교수 자격으로 학부 학생들과 해외 연수차 필리핀 마닐라를 방문했다. 그때 본 마닐라 시가지는 옛날에 내가 본 도시가 아니었다. 도시 곳곳에 가난의 그림자가 드리워져 있었고 대로변은 물론 뒷골목에는 무질서가 판을 치고 국민들은 희망을 잃고 우왕좌왕하고 있었다. 마닐라에서 전문대학을 나온 청년이 하루 1달러를 벌기 위해 관광지 휴화산으로 올라가는 당나귀몰이를 하는가 하면 태국, 베트남과 함께 세계 쌀 수출 1, 2위를 다투던 나라가 외국으로부터 쌀을 수입하는 나라로 추락해 있었다. 무엇보다 농업국가경제의 근간인 농지소유의 극심한 양극화와 빈부격차로 국가경제가 말이 아니었다. 국민의 절대다수를 차지하는 농민들 거의가 땅을 소유하지 못한 소작인으로 전락해 있었다. 여기에 극소수의 토지 지주가 추수철에 소작인으로부터 무려 소작료 80%를 갈취하는 횡포를 부리고 있었다. 때문에 농민들은 대부분이 논농사를 포기하고 중동과 아시아의 부국으로 일용노동자로 나가버린 상태였다. 1년에 3모작을 할 수 있는 비옥한 논들이 그대로 방치된 체 잡초만 무성했다.

필리핀은 현재 1인당 국내총생산(GDP)이 4410달러(세계은행 2012년 통계)로 세계 180개국 중 122위의 가난한 나라로 주저앉고 말았다. 이 때문에 필리핀 정부는 총인구의 10%에 해당하는 1000만 명이 해외 217개국에 나가 남자는 노동자로, 여자는 식모로, 3D업종에서 일해서 본국으로 송금해주는 인건비로 상당 부분 나라살림을 꾸려가고 있었다. 이들이 보내오는 송금액은 연간 210억 달러, 미국에 무려 350만 명, 사우디아라비아 155만, 캐나다 85만, 한국에도 8만 7천 명이 공장 노동자, 공사판 잡부, 영어강사, 식모 등으로 일하고 있다.

근원적으로 마르코스 대통령은 지도자로서 기본적인 지도자의 요건을 구비하지 못한 채 부정부패, 족벌정치에 인기영합정책인 포퓰리즘까지 구사하면서 그 엄청난 잠재력을 지닌 부유했던 필리핀을 세계 최하위의 가난뱅이 국가로 추락시켜 버렸다. 마르코스가 국가지도자로서 무능하더라도 정직하기만 했더라면 필리핀은 과거의 영광을 현상 유지는 할 수 있었을 것이다. 비단 필리핀뿐 아니다, 1991년 당시 미국과 세계 패권을 다투던 그 거대한 소련 연방이 하루아침에 붕괴된 것도 지도자의 무능과 기득권층 소수의 탐욕과 횡포를 통제하지 못해서 일어난 비극이었다.

호찌민(胡志明)의 나라, 베트남에 주목하라

베트남의 국부 호찌민은 11세 때인 1911년 유럽의 신학문을 공부하기 위해 프랑스로 건너갔다. 경제적으로 여유가 없었던 그는 그 후 호구지책을 위해 영국, 미국, 알제리 등지에서 하인, 견습공, 요리사 보조 등 사회의 밑바닥 인생을 전전했다. 정말 참기 힘든 고통스러운 시기였지만 그에게는 세계를 바라보는 시야와 민족주의적 가치관이 정립되는 중요한 시기였다. 고국에 돌아 온 그는 제2차 세계대전이 끝난 1945년 조국에 베트남 민주공화국 독립을 선언하고 정부 주석으로 취임했다. 하지만 과거 베트남을 자국의 식민지로 다스려왔던 프랑스는 베트남 국민의 이념대립을 교묘하게 이용, 국토를 남북으로 분리해 계속 식민지로 관리하려고 독립을 인정하지 않았다. 이에 베트남 국민들은 호찌민을 지도자로 프랑스를 상대로 7년에 걸친 제1차 인도차이나 전쟁에 돌입했다. 호찌민의 베트남군은 게릴라전과 결사항전으로 프랑스군의 최종보루였던 베트남 북부 루앙프라방 전투에서 막강한 프랑스군을 격파, 1954년 드디어 프랑스를 인도차이나 반도에서 몰아내는 데 성공했다. 그러나 그 후 세계패권을 다투던 세계 2대 강국인 소련과 미국의 간섭으로 또 다시 독립하는 데 실패했다. 강대국인 미국과 소련의 정치적 이해와 시나리오에 의해 열린 스위스 제네바 회담에서 베트남은 북위 17도선을 경계로 북쪽에는 호찌민(胡志明)이 이끄는 베트남 민주공화국이, 남쪽에는 친미정권인 고 딘 디엠(吳定方) 대통령이 주도하는 베트남 공화국이 들어서 베트남은 남북으로 분단되고 말았다. 그 후 베트남 반도는 땅을 잃은 농민들의 소요와 정치 불안에 휩싸이면서 소련의 지원을 받는 월맹군(북베트남군)과 미군이 참전한 가운데 남북전쟁이 시작되었다. 인도차이나 반도의 공산화를 우려한 미국이 베트남전쟁에 참전, 수년간 막대한 군사력과 천문학적인 군수물자를 투입했다. 그러나 전쟁에 승산이 없음을 깨달은 미국이 전쟁을 끝내기 위해 월맹(베트콩)과 종전협상을 시작하면서 전쟁은 새로운 국면으로 접어들었다. 이즈음 호찌민은 1969년 9월 2일 심장발작으로 사망했다. 호찌민 사망 6년 뒤인 1975년 4월 북 베트남군(월맹군)이 월남 대통령 궁을 함락시키면서 전쟁은 월맹의 승리로 막을 내리고 베트남은 공산국가가 되고 말았다. 당시 군사력에서 압도적 열세였던 월맹군 베트콩이 미국, 한국을 포함한 월남참전 7개국의 군사력을 상대로 전쟁에 승리할 수 있었던 근원은 베트콩의 신출귀몰하는 게릴라전과 국민의 80%를 차지하는 불교도 농민들이 베트콩을 지지해 주었기 때문이었다. 베트콩이 내세운 '농토는 농민에게'라는 토지분배 약속을 확신한 농민들이 기득권세력인 가톨릭교도 지주(국민의 20% 차지)들에게 적대감을 가지고 월남정부에 전혀 협조하지 않았기 때문에 월남정부는 전쟁을 제대로 수행할 수 없었다. 그래서 당시 월남전 승리의 묘책을 고심하고 있던 미국CIA는 6·25한국전쟁 발발 불과 한 달 전 이승만 대통령의 토지(농지)개혁단행으로 농민들이 생애 처음으로 자기 땅을 가지게 되었던 성공적인 사례를 찾아냈다. 당시 한국에서는 6·25한국전쟁이 터지자 얼마 전 농지개혁으로 토지를 분배받은 농민들이 자기 토지를 지키기 위해 서로 먼저 군에 자원입대하는 진풍경이 벌어졌다. 미국은 한국전쟁에서 한국의 농촌출신 병사들이 전선에서 결사적으로 싸워주었기 때문에 남한의 공산화를 막을 수 있었다는 사실에 주목했다. 그래서 미국 CIA가 주동이 되어 전쟁에서 베트남 농민들의 협조를 받기 위해 한국의 토지개혁 성공 사례를 월남에 적용해보려고 시도했다. 그러나 월남의 기득권세력인 가톨릭 지주들의 완강한 저항에 부딪혀 농민들에게 토지를 분배하기 위한 토지개혁에는 손도 써보지 못하고 결국 국민의 절대다수인 농민들의 지원을 받지 못해 전쟁에 패하고 말았다.

베트남은 약소국이면서도 세계 전쟁사 상 강대국인 프랑스와 미국을 상대로 전쟁을 승리로 이끈 세계에서 유일한 국가이다. 국민들을 하나로 뭉치게 하고 온 국민들에게 꿈과 희망을 심어주어 모든 전쟁을 승리로 이끈 걸출한 국가지도자 호찌민은 베트남의 자존심이었다. 호는 국가의 최고지도자이면서도 평생 결혼도 하지 않고 독신으로 지내면서 겸손하고 청빈하고 소박한 생활을 솔선수범했다. 호는 일생 동안 오로지 국가를 위해서 산 사람이었다. 베트남 국민들은 지금도 나라를 위해 일생을 헌신한, 너무나 서민적이었던 그를 공식명칭인 '호 주석(主席)'이라 하지 않고 '호 아저씨'라고 부른다.

국부 호찌민 대통령은 죽을 때에도 위대한 지도자답게 나라를 걱정하는 절실한 유언과 아주 소박한 몇 가지 유품을 남겼다. 나무 침대 하나, 책 몇 권, 입던 옷과 평소 애용하던 모자와 지팡이였다. 그리고 그의 유품 중에서 200년 전 조선조의 선각자 정약용 선생이 한문으로 쓴 '목민심서(牧民心書)' 중국어판 24권이 포함되어 있었다. 정약용 선생의 저서를 베트남의 지도자 호찌민이 애독했다는 사실은 우리에게 가슴 뭉클한 감정을 일으키게 한다. 우리 민족의 자부심과도 연결되는 정약용 선생의 목민심서는 현재 호찌민 기념관에 자랑스럽게 전시되어 기념관을 방문하는 모든 국내외 관광객들에게 잔잔한 감동을 전해주고 있다.

호찌민은 그가 1969년 죽을 때 남긴 유언은 다섯 가지였다.

첫째, 자기가 죽은 뒤에 절대 묘지를 만들지 말고 시신을 화장해서 재를 남쪽 땅 사이공과 북쪽 하노이 근처에 뿌려라. 둘째, 전사한 월맹 해방 전사들의 아내, 아이들을 돌보는 일에 국력을 기울이라. 셋째, 자기가 죽은 후에 통일전쟁이 끝나고 공산당이 주도하는 나라가 세워진 뒤 자본주의를 따라갔던 남쪽 사람들을 박해하지 말라. 넷째, 월남 내 소수민족을 보호하라. 현재 월남은 53개 종족으로 이루어진 다민족 국가이다. 베트남족이 85%로 절대다수이고 나머지 52개 종족이 15%인데 이들 소수민족을 보호하고 그들을 박대하지 말라고 유언한 것이다. 다섯째, 통일 이후에도 교육으로 나라를 일으켜야 하니 교육에 최우선적으로 투자하라는 것이었다.

싱가포르 리콴유(李光耀) 초대총리의 리더십에는 무엇이 있었는가

지난 2015년 3월 23일 서거한 싱가포르의 국부 리콴유 초대총리는 보잘것없던 싱가포르 항구를 세계가 부러워하는 강소국 도시국가로 탈바꿈하는데 일생을 바친 인물이었다. 아시아의 거인 리 총리는 31년간(1959-1990)의 총리 재임기간은 물론 퇴임 후에도 국민들에게 끊임없이 혁신과 솔선수범의 리더십을 보여 왔다. 그는 현실에 안주하려는 국민들에게 "변하지 않으면 생존조차 불가능하다"며 변화와 진보를 강조했다. 싱가포르는 현재 전 세계에서 부정부패가 없는 가장 깨끗한 나라로 평가받으며 1인당 국내총생산(GDP)은 세계 8위, 금융 산업은 뉴욕, 런던, 도쿄에 이어 세계 4위의 규모를 자랑한다. 실업률은 2%에 불과하다. 싱가포르는 일자리의 44%가 국내에 진출한 외국 기업에서 나오는 개방성, 법인세가 17%에 불과한 낮은 세금, 뛰어난 인프라, 우수한 인적 자원, 깨끗한 사회와 정부를 갖춘 데다 정부가 앞장서서 경제성장을 위한 아이디어를 짜내고 기업을 지원한다. 이를 설계하고 지휘한 인물이 리콴유 총리였다.

　리 총리는 중국 광동에서 정치 불안을 피해 싱가포르로 건너온 '하카'(客家, 집에서 멀리 떨어져 나온 이주민)였다. 유복한 집안 덕분에 어려서부터 엘리트의 길을 걸었지만 그의 학창시절은 세계 대공황이 덮친 데 이어 일본이 싱가포르를 침공하고 다시 영국이 이를 빼앗는 격동기였다. 그는 수재였다. 중등학교 입학시험에서 당시 한 나라였던 싱가포르와 말레이시아 전체를 통틀어 수석을 했다. 영국 유학시절 런던 정경 대, 케임브리지 대학에서도 학과수석을 놓치지 않았다. 리콴유는 석유회사 셸에서 일했던 아버지가 일본 기업에 들어가 일본 점령군 행정청에서 일하자 자신도 일본어를 배웠다. 리콴유의 실용주의적 기질은 이 식민지 시절에 익혔다. 주어진 상황에서 최선의 선택을 하며 필요하면 누구에게서나 배워 자기 것으로 만든다는 태도다.

그가 정치에 입문한 것은 영국 케임브리지대 수료 후 변호사생활을 통해서다. 싱가포르에 돌아온 그는 변호사 생활을 하며 당시 싱가포르를 점령한 영국 식민기업들과 싱가포르 노동자 간 임금협상을 중재했다. 인종도 배경도 각양각색인 노동자들을 설득하고 영국 관리와 상대하면서 협상의 달인이 돼 갔다. 그는 1954년 10월 인민행동당(PAP)을 창당했다.

그는 합법적인 테두리 안에서 식민정부(영국)와 투쟁하면서 다른 한편으로 당시 점차 세력을 넓히던 공산세력과 맞서 싸웠다. 그의 온건, 합리 노선은 점점 국민의 지지도를 넓혔고 마침내 1959년 5월 30일 실시된 선거에서 그가 이끌던 당이 집권당이 되면서 자치정부 수반인 총리자리에 올랐다.

35세에 총리로 취임할 당시 싱가포르가 유일하게 가진 것은 세계지도 상에 '바닷길의 중심'에 위치해 있다는 '입지' 하나뿐이었다. 중국인, 말레이시아인, 인도인 등이 섞여 있는 다민족국가로 국민국가를 만들어 낼 뿌리와 정체성도 없었다. 그는 취임 직후 바로 다언어(多言語) 정책과 다 종교(多宗敎) 정책을 펼치기 시작했다. 서로 다양성을 인정하는 인종용광로를 만들지 않고는 국민통합이 불가능했기 때문이었다. 현재 싱가포르 총인구 546만 명 가운데 이민자가 150만 명에 달한다. 그래서 국민들에게 세계 공용어가 된 영어공교육을 강화해 의사소통도 가능하게 했다. 다민족 국가인 싱가포르가 민족 간 갈등을 풀 실마리는 '강력한 공용어'였다. 나라를 구성하고 있는 어느 민족의 모국어가 아닌 영국 식민지 시절 언어인 영어를 '제1공용어'의 지위를 부여해서 인종 간 갈등을 해결한 것이다.

그는 경제발전을 위해 제일 먼저 정부의 각종 규제부터 풀었다. 제조업은 관세를 3%까지 내렸고 법인세는 40%에서 4%까지 낮추었다. 외국 기업이라도 사업설명서를 제출한 뒤 승인만 받으면 국가에서 연구개발비를 지원했다. 세계 2차 오일쇼크 와중에도 그는 막대한 돈을 투자해서 국제공항을 건설했다. 1981년에 개장한 그 유명한 창이국제공항이다. 이런 인프라를 바탕으로 세계 유명 금융사를 유치하는데 나섰다. 이 같은 장기적인 철도, 도로, 항만, 공항 등 막대한 인프라 투자는 싱가포르가 세계의 물류 중심, 동서양 금융 허브로 도약하는 원동력이 되었다.

싱가포르는 영국 식민지로 있다가 일본의 침략을 받았고 마침내 말레이시아연방에서 쫓겨나면서 1965년 도시국가로 독립했다. 독립 당시 1인당 국민소득이 400달러였던 이 도시국가는 반세기 만에 소득 5만 6000달러인 아시아 최고 부국이 됐다. 리콴유는 그 기적 같은 성공을 이끌어낸 국가최고경영자였다. 그가 타계하면서 강대국 틈바구니에서 빈손으로 시작해서 작은 도시국가를 글로벌 금융, 물류, 첨단산업 허브를 창조해낸 그의 국가건설 전략과 리더십이 다시 주목받고 있다.

리콴유 리더십의 상징은 부정부패척결이다. 그는 깨끗하고 청렴한 사회, 그리고 아름다운 국토를 가꾸기 위해 '클린 앤드 그린(Clean and Green)'을 국가의 슬로건으로 내걸었다. 장관 등 고위

공직자의 연봉을 민간기업 임원 못잖은 수준으로 끌어올렸다. 총리 직속으로 부패행위조사국(CPIB, Corrupt Practices Investigation Bureau))을 세워 공직자들의 부정을 엄단했다. 그는 솔선해서 부패 혐의가 있는 자기 측근부터 성역 없이 조사하고 처벌할 것을 지시했다. 대표적인 사례가 1976년 부패혐의로 체포된 국무장관 위툰 분 사건과 1987년 뇌물수수혐의를 받던 태치앙완 국가개발부 장관의 자살사건이다. 태치앙완 장관은 리 총리의 최측근으로 1986년 정부가 수용한 토지를 매매하도록 도와주는 과정에서 80만 달러를 수수한 혐의로 조사국의 수사를 받았다. 그는 리 총리에게 선처를 호소했으나 구제받지 못하고 결국 자살로 생을 마감했다.

리 총리는 "자유는 질서 속에만 존재한다"는 신념에 따라 쓰레기를 거리에 버릴 경우 2000싱가포르 달러(원화 160만 원)를, 쓰레기 투기가 두 번 이상 적발되면 1만 싱가포르 달러를 부과했다. 이 덕분에 싱가포르는 나라 전체가 세계에서 가장 깨끗하고 질서 있는 '공원'이 되었다. 그는 현재의 기준으로 보면 원시적인 형벌인 볼기 때리기 태형의 효과를 긍정적으로 평가해 지금도 범죄자들에게 태형을 실시하고 있다.

리 총리는 내 나라는 내가 지켜야 한다는 신념하에 작은 섬나라인 싱가포르 국가 예산의 25%를 군사비에 투입해서 국방력을 강화, 동아시아 5대 군사대국으로 자주국방을 실현했다. 중동의 이스라엘인 셈이다.

그는 국민이 자기 집을 가져야 애국심을 갖게 된다는 신념에서 싱가포르 주택개발청을 만들어 건국 초 최악의 주거환경을 현재는 세계 최고 수준의 주거복지시설을 완비하는 데 성공했다. 90% 정도의 국민들이 자기 주택을 소유하고 있다. 현재 주택문제로 고심하고 있는 세계 각국이 세계적 성공사례인 싱가포르의 모범적인 주택정책을 경쟁적으로 벤치마킹해서 자국에 적용하고 있다.

리 총리는 청렴을 솔선수범했던 인물이다. "내가 죽거든 내 집을 헐어버리라." 리 총리는 자신이 죽으면 자신의 집을 헐어버리라고 유언을 남겼다. 화려한 기념관 같은 것을 남기지 말라는 지시였다. 실제 한국 기자가 그의 집을 현지 답사해 보았는데 그 집의 초라함에 놀랐다고 보도했다. 그가 살던 집은 색 바랜 기와에 페인트 찌꺼기가 벽에 더덕더덕 붙어 너덜거리는 집이었다고 한다. 100년 전 유대인 상인이 살던 집을 사서 살았는데 집의 현 상태는 그대로 두면 그냥 주저앉을 정도로 너무나 낡았다고 기술했다. 한 나라의 지도자로, 죽어서 국부로 추앙받는 사람이 75년간 살던 집의 모습이 이러했다고 하니 우리나라의 상황과 비교해 봤을 때 그의 청렴과 솔선수범은 우리에게 엄청난 충격을 던져주고 있다.

그는 인재 등용에서도 파격적이었다. 능력과 업적 위주로 인재를 선발했기 때문에 싱가포르 정부의 중앙부처 국장급에는 20-30대가 다수라 한다. 현재 싱가포르 인재 양성의 요람인 싱가포르 국립대에는 8만 명 이상의 외국유학생들이 공부하고 있고 교수진은 60%가 외국인이차지하고 있다.

리콴유의 통치방식이 이와 달랐더라면, 싱가포르는 지금의 아프

가니스탄이나 시리아처럼 민족 간의 분열로 무너졌을 것이라고 헨리 키신저 전 미 국무장관은 말한 바 있다. 싱가포르는 인구 546만 명 가운데 이민자만 150만 명이 넘는 다인종, 다문화 국가이다.

그러나 옥에도 티가 있기 마련이다. 싱가포르는 단기간에 고속 성장을 했기 때문에 현재는 물질주의를 강조하는 사회풍조가 만연하면서 성공의 기준으로 삼는 '싱가포르 5C'라는 용어도 생겨났다. 즉 Cash(현금), Car(차), Condominium(개인 아파트), Credit card(신용카드), Country club(교외 레저시설)으로 부를 상징한다. 최근 경제성장의 과실이 상당 부분 부유층 위주로 분배되면서 일부 국민들의 정부에 대한 불만이 커지고 있는 것이 옥에 티처럼 문제점으로 등장하고 있다.

정직한 경영이 위기를 기회로 바꾸다

정직한 경영을 통해 위기를 새로운 기회로 탈바꿈한 대표적인 기업의 사례는 1982년 존스엔드존스사의 '타이레놀' 사건이다.

시카고지역에서 이 회사가 생산한 약을 먹은 소비자가 7명이나 사망한 사건이 일어났다. 미국식품의약국FDA는 존슨 사에 그 지역에서 판매한 모든 제품의 결함에 대해서 보상하라고 명령했다. 하지만 존슨앤드존슨사는 보상 차원을 넘어 여기에서 한발 더 나아갔다. 당시 회장이던 제임스 버크는 즉각 회사 안에 위기관리위원회를 구성하고 소비자를 상대로 '원인 규명이 될 때까지 타이레놀을 먹자 말라'고 대대적으로 홍보하는 한편 미국 전역에서 판매

된 제품을 전량 회수했다. 그 후 사건의 발생 원인을 당국이 조사한 결과 한 정신병자에 의한 독극물 투입으로 밝혀졌다. 이 사건을 계기로 소비자보호에 적극성을 보인 존슨앤드존슨사는 소비자의 두터운 신뢰를 얻으면서 정직한 기업, 사회적 책임을 다하는 기업으로 각인되어 미국에서 가장 존경받는 기업으로 발돋움했다.

미국의 한 우산회사가 우산 제작과정 중 실수로 제품에 결함이 생기고 말았다. 회사는 바겐세일로 우산을 처분하기로 했다. 그러나 한 개도 팔리지 않았다. 그런데 이 소식을 들은 한 광고회사가 그 결함 우산을 전량 인수했다. 그런데 얼마 후 이 우산이 갑자기 날개 돋친 듯 팔리기 시작했다. 이 회사는 장사에 상식을 뛰어넘는 다음과 같은 광고를 신문에 게재했다. "흠이 있는 제품을 싼값에 팝니다. 하지만 쓰는 데는 지장이 없습니다." 제품의 결함을 있는 그대로 밝혔던 것이었다. 하자 있는 우산이 대박을 터뜨리게 한 것은 특별한 마케팅 비결이 아닌 바로 제품의 결함을 솔직히 인정한 '정직'이었다.

한동안 세계를 놀라게 했던 102년 전 벌어진 '타이타닉호 침몰' 사건. 사건 당시 선장 에드워드 존 스미스는 배가 기울기 시작하자 이성을 잃고 우왕좌왕하는 승객들에게 공포탄까지 쏘며 질서를 유지시켰다. 그리고 그는 끝까지 배를 버리지 않고 자기 자리를 지키며 스스로 배와 함께 생을 마감했다. 그가 침몰하는 배 위에서 소리치며 "영국인답게 행동하라"고 한 말은 그가 죽은 후 그의 동상에 새겨질 정도로 유명한 한마디의 절규가 되었다. 지금도 왕국 체제를 유지하고 있는 영국의 왕실 귀족들은 국가가 위기에 처했을 때 앞장서서 자기 몸을 던지는 솔선수범하는 것으로 유명하다. 몇십 년 전 포클랜드섬 영유권을 놓고 영국과 아르헨티나가 벌린 포클랜드 전쟁 때 영국의 앤드류 왕자가 직접 해전에 참전, 해군 군함에 승선해서 독전하는 노블레스 오블리주를 실천하는 모범을 보여주었다. 지금도 영국 왕자들은 중동지역 전쟁과 같은 외국과의 전쟁이 발발하면 솔선해서 현역군인으로 참전, 전쟁터에서 전투를 벌인다.

윤윤수 아쿠시네트, 글로벌 휠라 회장, 그는 1910년 미국에서 설립돼 전 세계 골프 공 시장 점유율이 50-60%에 점하고 있는 Titlist 타이틀리스트의 오너다. 한국인이 세계 정상의 골프공 타이틀리스트를 손아귀에 넣었다는 보도가 나왔을 때 세계 골프계가 놀랐다. 윤 사장은 그의 성공 철학을 다음과 같이 설명했다. "정직하고 성실해야 한다. 그리고 행운이 필요하다. 행운은 정직하고 성실하지 않은 사람에게 절대로 오지 않는다."고 말한다.

정직이 최상의 정책(Honesty is the best policy)이다

다산 정약용 선생은 그의 저서 '목민심서'에서 "청렴해라. 청렴해야 오래간다. 소탐대실 하지마라. 명분을 지켜 깨끗하되 법의 테두리 안에서 인정과 세정의 기미를 잘 파악하여 융통성 있게 공무를 처리하여 백성의 일이 잘 돌아가 생업이 번창하도록 도와줘라. 이러면 최고의 관리이다."

반대로 정직하지 못해 망한 기업도 있다. 2001년 미국 경제에 커다란 파문을 일으키며 파산했던 에너지 회사 '엔론', 한때 미국 〈포춘〉지가 선정한 500대 기업의 하나로 에너지 부분에서 미국에서 가장 존경받는 기업 1위에 오르기도 했다. 하지만 금융 상품에 투자했다가 입은 손실을 감추기 위해 4년간 5억 8,600만 달러 규모의 분식회계를 했다는 사실이 밝혀지자 채권자들이 일시에 자금을 회수하는 바람에 미국 역사상 최대파산규모인 634억 달러를 기록하며 도산하고 말았다.

정직하면 신념, 소신, 자신감, 용기가 솟아나고 일생 건강을 유지할 수 있다.

모든 의사결정을 할 때 교과서대로 우선순위의 원칙을 지키면 성공한다. 그 순서는 내가 하는 일이 제일 먼저 국가에 도움이 되느냐? 다음에 회사나 조직에 도움이 되느냐? 마지막으로 나에게 도움이 되느냐? 의 순서로 의사를 결정해야 한다.

업무와 관련해서 비리나 부정을 하지 마라. 결단코 작은 부정으로 평생 먹고 살 수 있는 경제단위가 되지 않을 뿐 아니라 뇌물로 뒤탈 없는 부자가 될 수는 없다. 부정이 반복, 계속되면 좀 도둑이 되고 결국에는 교도소로 가고 마는 신세가 된다.

짧은 한 평생, 장기적으로 보면 정직이 최상의 정책(Honesty is the best policy)이다.

먼저 나 자신에게 그리고 부모, 형제, 친구, 회사나 조직, 사회, 국가에 대해서 정직하라 세계가 공인하는 미국의 투자재벌 워런 버핏 버크셔 해서웨이 회장은 "21세기 기업가는 성직자에 준하는 고도의 도덕성을 가져야 한다"면서 경영자의 도덕성이 기업의 성패를 좌우한다고 강조했다.

04

성공을 위한 황금률, 겸손

겸손은 사람됨됨의 근본이다

한자로 겸손할 겸(謙)은 말씀언(言)변에 겸할 겸(兼)을 결합한 글자다. 겸(兼)은 벼 다발을 손에 쥐고 있는 형상으로 '아우르다', '포용하다'라는 뜻을 갖고 있다. 인격과 소양을 두루 갖춘 사람들은 언제나 자신을 낮추고 말을 공손하게 한다. 겸손할 손(遜)은 '후손에 전하다'의 뜻을 함께 지녔으니 겸손이란 대를 잇는 가르침을 의미하기도 한다.

영어 단어 겸손(humility)의 어원을 찾아가 보면 흙을 뜻하는 라틴어 후무스(humus)에서 유래한 단어다. 흙 중에서도 영양분과 유기질이 많은 부식토(腐植土)다. 사람(human)이라는 단어도 흙에서 유래했다. 하느님이 인간을 창조할 때 흙으로 사람을 지었다. 히브

리어로 땅은 '아다마'이고 땅의 흙으로 지은 사람이 '아담'이다. 겸손은 사람을 성장시키는 토양이다. 흙은 언제나 우리의 발아래 맨 밑바닥에 자리 잡고 있다. 이 세상에서 자신을 가장 맞추는 존재가 바로 흙이다. 그래서 올해 출간 110주년을 맞은 소설 '피터 팬'의 작가 제임스 매슈배리는 "인생이란 겸손을 배우는 긴 수업시간"이라고 강조했다. 그의 명언처럼 "낮은 자세로 겸손을 배우는 긴 수업시간"이 바로 인생이다. 그러므로 이 세상에서 늘 낮은 자세로 겸손을 체득한 사람들만이 그 바탕인 비옥한 토양에서 성공의 싹을 틔울 수 있다. 나이가 들어 연륜이 쌓였는데도 교만한 사람은 결국 성공하지 못하고 '어른아이' 증후군에 갇히어 일생을 마감하고 만다.

성공(success)이란 말도 말하자면 이 세상의 바닥인 '흙을 뚫고 나온다'는 뜻인 라틴어 수케데레(succedere)에서 왔다. 흙에서 씨앗이 흙을 뚫고 나오는 것이 곧 성공이다. 밑바닥인 겸손이라는 땅에 뿌린 씨앗이 더 잘 자라기 마련이다.

겸손의 철학을 한 글자로 요약, 설명해 주는 占卜 字(점복 자)의 철학을 배워라.

점복자의 철학이란 한문으로 점복 卜 자를 써놓고 우리 인간들에게 한 획을 그으라고 하면 거의 모든 사람들이 자신이 높아지고 싶어 위에다 한 줄을 긋는다. 그러면 卜 자는 한문으로 아래 하 下자가 되고 겸손하게 아래에다 줄을 그으면 윗 상자 上이 되고 만다. 이처럼 인간이란 스스로 자신을 높이면 오히려 낮아지고 겸손하게 자기를 낮추면 저절로 높아지는 것이 인간관계의 원리이다. 서양에서는 일반적으로 고결한 인격을 소유한 사람일수록 더 겸손하다(The more noble, the more humble)고 말한다. 그래서 예로부터 서양에서는 겸손이 없는 고결함은 패티가 빠진 햄버거에 비유해 왔다. 지금도 Hamburger without a patty라는 말이 전해오고 있다. 서양에서 패티는 한국의 찐빵에 앙금처럼 빠져서는 안 되는 작은 파이로 햄버거의 맛을 좌우한다.

자연은 겸손의 스승이다

자연 중에서 우리 인간의 생명의 원천인 물은 우리 인류의 위대한 스승이다, 물을 보라! 물은 언제나 한 결같이 처음부터 끝까지 겸손하게 높은 데서 낮은 데로 흐른다.

중국 漢나라 때 회남 왕 유안이 지은 '회남자(淮南子)'라는 책에는 "강물이 모든 골짜기의 물을 포용할 수 있음은 아래로 흐르기 때문이다. 오로지 아래로 낮출 수 있으면 위로도 오를 수 있게 된다"고 강조하고 있다.

조, 벼, 수수 등 곡식들도 가을 추수기가 되면 알맹이가 꽉 차 영글어 무거워지면 스스로 고개를 숙인다.

산이나 숲속의 나무는 말한다 "내 몸이 이리 굽어 있고 나무속 한가운데가 푹 썩는 바람에 잘려서 나무젓가락이 되는 운명을 피했다"고 고백한다. 곧게 하늘로 잘 뻗은 잘난 놈(나무)들이 천수를 누리지 못하고 중간에 베어져 나가는데 구부러지고 속이 패어 인간들이 거들떠보지도 않던 나무는 굵고 크게 자라는 것을 보면 이 또한 지혜로운 삶의 가르침이 아닐 수 없다.

숲에서 반듯하게 자란 나무는 건축의 재료가 되기 때문에 인간의 손을 타기 마련이다. 때문에 끝내 제대로 열매를 맺지 못하는 경우가 대부분이다. 반대로 구부러지고 인간에게 쓸모없고 볼품없는 나무가 단단한 열매를 맺는다. 숲에서 뽐내며 웃자란 나무는 햇빛과 바람을 독차지하기 때문에 다른 나무가 꽃피우고 열매 맺는 것을 방해한다. 그래서 결국에는 인간에 의해 뽑히거나 베어지고 만다. 결국 쓸모없는 나무가 천수를 누리게 된다.

일상생활에서 겸손을 배우다

경상북도 안동에 집성촌을 이루고 사는 안동김씨 문중에서는 명절 제사상에 제수로 빠짐없이 문어가 오른다. 이 제사상에 문어가 제수로 오르는 전통에는 김씨 문중을 상징하는 심오한 교훈과 인생철학이 담겨있다. 그 이유는 바로 이 때문이다. 문어는 바다 생선 중에서 바다의 밑바닥을 기면서 살아가는 해산물이다. 조선조 때 장기간 집권 세력으로 당대를 호령해왔던 안동 김씨 문중은 후손들이 바닥을 기는 문어의 겸손을 배우라는 교훈으로 문어를 제수로 쓴다고 한다. 겸손은 개인과 한 가문의 화려한 미래를 보장하는 첫째가는 덕목이기 때문이다.

우리나라 전래의 다도(茶道)를 예로 들어보자. 나라를 다스리는 통치 철학에서 인재는 물이고 조직은 찻잔이다. 찻잔에 물을 따르려면 찻잔이 주전자 아래에 있어야 한다. 이처럼 크든 작든 하나의 조직을 이끄는 지도자는 항상 찻잔처럼 자신을 낮춰야 정상의 자리를 유지할 수 있다. 수영할 줄 모르는 교만한 철학교수와 뱃사공의 인생론 얘기를 사례로 들어본다.

"사공 어른, 철학을 아십니까?"

젊은 박사가 강을 건너면서 나룻배를 젓는 사공에게 물었다. 나이 많은 뱃사공은 박사를 물끄러미 바라보면서 고개를 저었다.

"나는 철학을 모릅니다."

"아니, 인생을 살면서 철학을 모르시다니. 그렇다면 사공 어른의 인생은 4분의 1이 죽은 것이나 다름없습니다."

사공은 아무 말 없이 노만 젓고 있었다. 박사는 다시 사공에게 물었다.

"사공 어른, 그럼 문학은 아시겠지요?"

질문은 자못 교만에 차 있었다. 사공은 이 강가에서 자라서 늙도록 나룻배를 저어온 터라 철학이 무엇인지 문학이 무엇인지 생소하기만 했다.

"문학도 모르신단 말입니까? 그러면 사공 어른의 인생은 4분의 2가 죽은 것과 같습니다."

박사는 다시 물었다.

"그럼 지질학은 아십니까?"

"나는 그런 것도 모릅니다."

배가 강 한가운데쯤 왔을 때 박사는

"그럼 심리학은 아시겠지요?"

고개를 숙이며 묵묵히 노를 젓던 사공은 모른다는 대답만 계속했다.

"철학도 모르고, 문학도 모르다니…… 지질학도 심리학도 모른 채 인생을 산다면 사공 어른의 인생은 4분의 4가 죽은 것이나 다름없습니다."

사공은 마음이 퍽 언짢았다. 그러나 똑똑한 박사님 앞에서 말할 처지가 안 되었다.

그러다가 잘못해서 강 한가운데를 지나면서 배가 그만 바위 끝에 부딪히고 말았다.

나룻배는 갑자기 쿵 하고 가라앉기 시작했다. 구멍이 난 배 속으로 강물이 콸콸 쏟아져

들어왔다. 배는 점점 강 속으로 가라앉기 시작했고 박사는 허둥대기 시작했다.

이번에는 사공이 물었다.

"똑똑하신 박사님, 박사님은 수영을 할 줄 아십니까?"

박사는 안절부절못했다. 박사는 전혀 수영을 할 줄을 몰랐다. 지금까지 오만하게, 사공이 무식하다고 경멸하던 박사는 사공에게 어떻게든지 도와 달라는 표정을 지으며 애원하듯 말했다.

"아니요. 저는 수영을 못 합니다."

"그러면 박사님의 인생도 4분의 4가 강물 속으로 들어갑니다. 박사도 학문도 모두 들어갑니다."

하면서 강물 속으로 뛰어들었다.

철학이나 문학을 알고 지질학과 심리학에 밝다면 누가 뱃사공을 하겠는가? 그러나 그 뱃사공은 수영을 잘했다. 현대인들도 그 박사처럼 아는 것은 너무 많다. 이것도 알고 저것도 알아서 마음은 교만해져 있는데, 실상 자기 앞에 갑자기 어떤 어려움이 닥치면 당황해하며 전혀 손을 쓸 줄 모르는 사람들이 너무나 많다. 자신을 모르는 사람은 남보다 몇 가지 더 안다고 거만하지만, 참으로 자신의 부족함을 아는 사람은 쉽게 교만해지지 않으며 자기 일에 충실하게 마련이다.

역사 속에서 겸손을 탐험하다

"위대한 정치지도자들과 경제계의 CEO들은 모두 한 결같이 아주 겸손하다."

역사적으로 각 분야에서 명성을 날린 탁월한 지도자들을 보면 그들의 인생 덕목에는 반드시 '겸손'이 이란 단어가 포함되어 있다. 교육자이자 작가인 케빈 홀이 언어학자 아서 왓킨스와 함께 쓴 책 〈겐샤이〉에 따르면 지도자를 말하는 리더(leader)의 '리(lea)'는 '길(path)', '더(der)'는 '발견하는 사람(finder)'을 의미한다.

조선조 세종 때 황희 정승은 영의정 18년, 좌의정 5년, 우의정 1년을 합쳐 24년간 정승벼슬을 지냈다. 그가 관직에서 이렇게 장수할 수 있었던 이유는 그의 뛰어난 능력에 겸손의 미덕을 함께 갖췄기 때문이었다. 그는 나이가 들고 지위가 높아질수록 스스로 몸을 낮췄다. 그는 당시 신분이 관노였던 발명가 장영실을 과학자로 관직에 발탁하고, 노비의 아이가 자신의 수염을 잡아당겨도 늘 웃어넘겼기 때문에 '허허 정승'이라는 별명까지 얻었다.

황희와 함께 조선 명재상 투톱으로 평가받고 있는 맹사성(孟思誠 1360~1438)도 겸손이 몸에 밴 사람이었다. 그는 벼슬이 낮은 사람이 그를 찾아왔을 때도 예외 없이 공복(의관)을 갖추고 대문 밖에 나가 맞아들이고 돌아갈 때도 손님이 말을 탄 뒤에야 집 안으로 들어왔다.

그의 이런 자세와 예의범절은 그가 젊은 시절 우연히 도성 밖 한 산사를 방문했을 때 만났던 고승에게 배운 것이라고 한다. 황희를 처음 본 고승이 그의 인품이 범상치 않음을 간파하고 한마디 던졌다. "찻잔이 넘쳐 바닥을 적시는 것은 알면서 지식이 넘쳐 인품을 망치는 것은 어찌 모르십니까?"라고 황희에게 말하는 것이었다. 이 말을 듣고 당황한 그가 황급히 일어서다 그만 문틀에 머리를 부딪치고 말았다. 이 광경을 본 고승이 가로되 "고개를 숙이면 부딪치는 법이 없지요."라고 말하는 것이었다. 이 말을 듣고 그는 겸손이란 단어를 깨닫게 되었다고 한다.

지도자는 '길을 앞서 발견하는 사람(pathfinder)'이다. 신호와 단서를 읽고 길을 발견해 다른 사람들에게 보여주는 사람이 바로 진정한 리더다.

리더십과 인력개발 전문가 그룹인 미국의 호건 어세스먼츠는 다양한 인성 분석 자료를 취합해서 분석한 결과 "최고의 리더는 겸손한 리더"라고 평가했다. 이 회사가 리더를 지향하는 사람들에게 제시하는 세 가지 질문이 우리의 눈길을 끈다.

"나는 업무에 관한 다른 사람의 조언을 고마워 하는가", "내가 이룬 성과를 누군가가 무시하면 언짢은 감정이 드는가?", "자신의 한계를 인정하는 사람은 존경받지 못하는 걸까?" 이 첫 번째 질문에 "네"라고 답하는 사람은 겸손한 리더의 자질을 가지고 있다. 두 번째와 세 번째 질문에는 "아니오"라고 답하는 사람이 겸손한 리더다.

결국 겸손한 리더란 자기의 한계를 인정하고, 남에게 지식과 조언을 구하는 데 주저하지 않으며, 자신의 공을 내세우지 않고, 남을 칭찬하며 동료나 부하의 성취를 함께 기뻐하는 사람이라는 얘기다. 미국의 유명한 경영학자 짐 콜린스도 "위대한 정치가와 최고경영자(CEO)들은 아주 겸손하다"고 말했다.

三顧草廬, 三顧之禮는 삼국지에서 유래된 말이다.

세 번 찾아가 예절을 다한다는 뜻으로 중국의 삼국시대 한나라의 제갈공명이 움막 속에 기거하고 있었기 때문에 삼고초려라 한다. 유비가 제갈공명을 세 번 만에 겨우 만났다. 그 결과 제갈공명은 유비를 돕기로 결심하고 형주와 익주를 근거로 삼아 漢 왕실을 부흥할 것을 결심했던 것이다. 유비는 제갈량을 얻고자 세 번이나 몸소 제갈량이 사는 누추한 집을 찾아갔다. 여기에 숨어있는 교훈은 大事를 도모하는 사람은 항상 겸손하게 자기를 낮춰야 꿈을 실현할 수 있다는 진리를 가르쳐주는 것이다.

미국의 정치가이자 과학자이며 독립선언문의 기초위원 중의 한 사람인 벤자민 프랭클린은 미국건국에 지대한 공헌을 했기 때문에 미국에서는 '미국 건국의 아버지'로 불린다. 그가 젊은 시절 한 선배의 집을 방문했는데 그만 낮은 문지방에 머리를 부딪치고 말았다. 그가 머리를 싸매고 고통스러워하는 모습을 본 선배가 가로되 "오늘 자네가 내 집을 방문한 최대의 수확"이라는 것을 알아 두라고 말하는 것이었다. "평온하게 살고 싶으면 반드시 머리를 낮추는 법을 배워야 하네." "내가 자네에게 가르쳐주려는 것이 바로 이걸세." 그날 이후 프랭클린은 마음속에 항상 '겸손'이라는 글자를 새기고 다녔다고 한다. 그날 배운 교훈을 일생 생활의 좌우명으로 삼고 노력한 결과 그는 지금도 건국의 아버지로 미국 사람들로부터 가장 존경받는 인물이 되었던 것이다.

앨버트 슈바이처 박사가 노벨상 시상식에 참석하기 위해 의료봉사를 하던 아프리카를 떠나 기차를 타고 덴마크로 갈 계획이었다. 그런데 그가 가는 길에 파리에 도착했다는 소식이 알려지자 세계 각국의 신문사 기자들이 그가 탄 기차로 몰려들었다. 취재 경쟁에 열중한 기자들이 한꺼번에 그가 탔을 기차 특등실로 우르르 몰려갔다. 그러나 아무도 그를 찾을 수 없었다. 기자들은 다시 2등 칸으로 갔으나 그는 보이지 않았다. 혹시나라고 생각한 한 영국 기자가 3등 칸을 뒤지다가 슈바이처 박사를 찾아냈다. 악취가 풍기는 3등 칸 한구석에 쭈그리고 앉은 슈바이처 박사가 3등 칸에서 동승한 승객 중에서 환자들을 진찰하고 있었다. 이 의외의 상황에 놀란 기자가 "선생님 왜 3등 칸에 타셨습니까?"라는 질문을 던졌다. 이 질문에 그는 놀랍게도 이렇게 대답했다. "예 이 기차에는 4등 칸이 없어서요."라고.

바티칸이라는 국가의 국가원수이고 전 세계 12억 천주교도들의 수장인 프란치스코 교황이 2014년 8월 14일부터 18일까지 4박 5일 한국방문을 마치고 돌아갔다. 그때 그가 대한민국에 남긴 그의 족적은 가히 폭발적이다. 신드롬이라고 부를 정도이다. 교황은 '포프모빌'(교황이 타는 자동차)로 한국산 '쏘울'을 선택했다. 그는 또한 과거 교황들이 외국 순방 때 하나의 관례였던 복식과는 달리 금이 아닌 철제 십자가를 목에 걸고, 교황용 빨간 구두 대신 추기경 시절부터 신던 검정 구두를 신었다. 항상 지니고 다니는 낡은 가방은 비서가 아닌 직접 들었다. 숙소 역시 화려한 호텔이 아니었다. 주한 교황청 대사가 평소 사용하던 서울 궁정동 주한 교황청 대사관에 마련된 방을 그대로 썼다. 한국방문 때 교황이 가져온 짐은 검은 서류가방과 작은 짐 가방 두 개가 전부였다.

애초부터 비서, 전담통역, 요리사도 대동하지 않았다. 타고 온 전세기부터 검소했다. 교황은 이번 방한에 알리탈리아항공의 에어버스 330기를 이용했다. 일반여객기로 사용되는 비행기를 내부 개조 없이 이용해 기내에 별도 집무실 공간도 없었다. 게다가 좌석도 1

등 석이 아닌 비즈니스 석이었다. 교황은 13일 저녁과 14일 아침 식사 두 끼를 모두 수행원들과 같은 음식을 먹었다. 그는 방한 둘째 날인 15일 대전으로 가는 길은, 청와대가 제공한 의전 헬기 대신 KTX 일반열차에 몸을 실었다.

교황의 이러한 파격적이라고 할 정도의 소박한 모습은 한국 사회가 우리 스스로를 돌아보게 하는 계기가 되었다. 한 마디로 가장 작은 소형차를 타고 가는 교황의 모습은 대한민국 국민들에게 충격을 주었다. 교황의 행보는 매사에 남의 눈을 의식하는 우리 문화, 과시용으로 무조건 큰 차를 선호하는 우리 사회를 다시 한번 생각해보게 하는 계기가 되었다. 가장 높은 자리에 있으면서도 낮은 자세로 상대방을 배려하고, 인정하고, 공감하는 리더십을 솔선해서 보여준 것이다. 한국 사회현실에서는 보기 힘든 모습을 보고 사람들은 깊은 감동을 받았다. '세상에 저런 리더십도 있구나.'

성난 얼굴과 강퍅한 목소리로 정의를 독점하면서 정치투쟁을 일삼는 한국의 성직자들은 사랑 없는 정의가 진짜 정의인지 성찰해야 마땅하다. 그들 중에는 낮은 데로 임하기는커녕 높다란 종교권력의 성을 쌓아 왕 노릇하는 한국의 종교지도자들과는 너무나 대조적이다. 팽창일로였던 한국종교계도 안에서부터 무너져가고 있다. 종교가 세상을 정화하기는커녕 오히려 세상이 종교의 부패와 종교인들의 타락을 걱정하는 지경이다. 오직 종교지도자들만이 그 사실을 외면한다. 오늘의 한국 종교가 쇠락하는 것은 성직자와 신자들의 삶이 자신의 종교를 증명하지 못하기 때문이다.

프란치스코 교황은 종교와 인종의 장벽을 넘어 세계인의 사랑과 존경을 받고 있다. 교황이어서가 아니다. 자신의 종교적 가르침을 삶으로 증명하는 지도자이기 때문이다. 프란치스코 교황이 되기 전의 베르고글리오 신부는 조국 아르헨티나에서 빈자와 약자의 편이었다. 교황이 된 그는 부패의 온상이던 바티칸 은행을 개혁하고 마피아를 파문했다.

교황은 수도자들의 부자(富者)를 질타했다. 청빈서원(淸貧誓願)을 하지만 부자로 살아가는 봉헌된 사람들의 위선이 신자들의 영혼에 상처를 입히고 교회를 해친다고 말하고 봉헌 생활에서 청빈은 방벽이자 어머니라고 강조했다. 그는 번영할 때 유혹이 온다며 잘사는 교회가 되지 않도록 해야 한다고 말한다. 가난한 이들이 교회에 들어가는 것이 부끄럽게 만들지 않도록 해야 한다고 주문한다. 가난한 이들이 가난을 창피하게 여기게 하는 교회, 이것이 바로 번영, 영적 웰빙의 유혹이다. 그러면 가난한 이를 위한, 가난한 교회가 될 수 없다. 반대로 부자들을 위한 부자교회, 중산층을 위한 교회가 된다고 경고했다.

2000년 미국 대통령 선거에서 잘 생기고 말 잘하는 엘 고어가 촌티 나고 말도 어눌한 조지 부시에게 졌다. 여러 가지 이유가 있겠지만 고어의 패배는 자신의 완벽함 때문이라고 정치평론가들은 분석한다. 인간은 완벽하게 아름다운 사람을 마주치면 무의식중에 불신경보를 발령한다고 것이다. 때문에 고어의 완벽하다시피 한 외모와 유창한 유세 스타일은 유권자들의 '원초적 반감'을 자아냈다. 반대로 부시는 "이렇게 행동과 말투가 어눌한 사람이 나를 어떻게 하지는 못할 거야"란 미국인의 집단무의식을 파고든 덕분에 대통령에 당선되었다는 것이다.

2014년 7. 30 국회의원 재보선에서 새누리당 공천으로 호남인 순천 곡성에서 당선된 이정현의원의 자전거 선거유세, 2011년 11월 대전현충원에서 열린 연평도 전사자 1주기 추모식에서 줄곧 비를 맞으며 우산을 마다한 김황식 총리, 세월호 참사 직후 公敵 1호였던 해양수산부 이주영 장관, 해임은커녕 유임시키라고 요구한 유족들. 최근에 일어난 이러한 일련의 사건들은 지도급 인사가 자기 몸을 낮춰 국민들의 마음을 얻은 대표적인 사례이다.

한나라당 이정현 의원은 "저는 호남 이외에 갈 곳이 없습니다. 미치도록 고향을 위해 일하고 싶습니다. 제발 제 손 한번 잡아 주십시오"라고 호소했다. 이 당선자는 상대 민주당 서갑원 후보가 차량 유세를 하는데 반해 자전거로 선거구를 누볐다. 비가 오면 비를 맞고 머리가 산발이 되고 옷이 젖어도 그 차림으로 주민에게 다가 갔다. 퍼포먼스 대신 자원봉사를 한 이 당선자에게 유권자들의 마음이 쏠리게 된 것이다.

세계 최고의 명문대학으로 평가받는 하버드는 입시사정에서 전통적으로 학생들의 교만을 배척한다. 교만한 A+학생들에게 하버드대의 문은 열리지 않는다. 하버드대 학생들이 아침저녁 드나드는 대학 주 출입구 중 하나인 덱스터 에이트에는 앞뒤로 두 개의 문구가 쓰여 있다. 들어올 때는 "Enter to grow in wisdom" 나갈 때는 "Depart to serve better thy country and thy kind"다. 대학에 입학해서는 지혜를 배우고 졸업한 뒤엔 더 나은 세상과 인류를 위해 봉사하라는 의미다. 실제 입시에서도 하버드대는 실력이 아니라 인성이 좋은 인재를 선호한다. 조우석 전 하버드대 케네디스쿨 입학사정위원을 지냈던 그가 입학사정위원으로 활동하던 2009년 홍콩대를 졸업한 수재 A씨는 스펙이 다른 학생에 비해 뛰어났지만 면접에서 탈락했다고 말했다. 그 이유는 그 학생이 성적과 스펙 최상급이었지만 '교만하다'는 평가를 받아 떨어졌다고 한다. 반면 평범한 네팔 출신의 B씨는 학업능력은 다소 부족했지만 사람 됨됨이를 인정받아 높은 점수로 합격했다는 사례를 소개했다. 미국 명문 고등학교 수석 졸업생들이 상당수 하버드대 입시에서 떨어지는데 그 이유는 그들은 실력과 스펙은 우수하지만 열정, 헌신, 리더십 등 인성 부분 덕목이 부족하다는 평가를 받아서 고배를 마신다는 것이다

2005년 도널드 그레이엄 워싱턴 포스트 최고경영자는 당시 하버드대를 중퇴하고 막 페이스북을 설립한 21세의 마크 저커버그를 워싱턴 사무실에서 만났다. 저커버그로 부터 소셜 미디어에 대한 설명을 들은 그레이엄은 페이스 북이 큰일을 낼 것을 직감하고 저커버그에게 경영 조언을 해주며 격려했다. 이후 그레이엄과 저커버그는 39년이라는 나이 차를 초월해서 지금도 우정을 가꿔 나가고 있다.

마쩌둥(毛澤東) 주석과 주엔라이(朱恩來) 총리. 모택동 체제에서

주은래가 장기간 중국의 제2인자로 집권할 수 있었던 비결은 바로 주은래의 겸손이었다.

마쩌둥을 모시고 제2인자로 27년간 세계 최장수 총리를 역임한 주은래는 중국 장쑤성(江蘇省) 화이난(淮安) 출신으로 1917년 2년 간 일본유학, 1920년 22세에 프랑스 유학, 황포군관학교 정치훈련 부주임으로 장개석 부하, 그 후 마쩌둥과 대장정에 참여, 불세출의 제2인자로 등극했다. 그의 인생철학은 나의 사명은 최고 권력자가 되는 것이 아니라 최고 권력자에게 모든 힘을 다해 봉사하는 것이 라고 역설하면서 항상 자신의 몸을 낮추었다.

인도네시아 조코 위도도 대통령 부부는 2015년 싱가포르 대학 에 유학 중이던 아들 대학졸업식 참석차 해외 출장을 떠났다. 당시 그는 자카르타-싱가포르 구간을 인도네시아 국적 항공기 가루다 항공기를 이용했는데 1등석이 아닌 단돈 27만 원짜리 이코노미클 래스였다고 인도네시아 일간지가 대통령의 동정을 보도했다.

우루과이 호세 무히카 대통령의 검소한 생활은 세계적인 화제 다. 전 재산은 폭스바겐 1987년 식 비틀 차 한 대, 매월 정부로부 터 받는 1322만 원의 대통령 월급의 90%는 도움이 필요한 가난한 각종 사회단체에 기부한다, 그는 퇴근하면 대통령궁 대신 아내 소 유 농장에서 생활한다. 그는 세계에서 가장 가난한 대통령이다.

마스시타 고노스케(松下之助)는 일본재계에서 '경영의 신'으로 추 앙받고 있는 인물이다. 그는 'National'(현재 상호는 Panasonic)이라 는 상표로 알려진 마쓰시타 전기(松下電氣)의 창업자다. 그는 세상을 떠날 때까지 산하 570개 기업에 종업원 13만 명을 거느린 대기업 총수였다. 하지만 그의 인생 여정은 파란만장이었다. 초등학교 4학년을 중퇴하고 자전거 점포의 점원으로 출발해서 23세에 '마쓰시타 전기기구제작소'를 창업, 그의 일생은 장장 70년 동안 전기와 인연을 맺으면서 수많은 신화를 창조해냈다. 그가 일본굴지의 총수가 되었을 때 회사의 한 직원이 그에게 물었다. "회장님은 어떻게 하여 이처럼 크게 성공할 수 있었습니까?". 이 물음에 마쓰시타 회장은 자신이 세 가지 하늘의 큰 은혜를 입고 태어났다고 대답했다. 그 세 가지 은혜라고 내세운 항목은 놀랍게도 '가난한 것', '허약한 것', '못 배운 것'이었다.

전혀 예상치 못한 이 말을 듣고 깜짝 놀란 직원이 "이 세상의 불행이란 불행을 모두 갖고 태어 나셨는데 오히려 하늘의 은혜라니 이해할 수 없습니다."라고 반문하자 그는 이렇게 대답했다. "나는 가난 속에서 태어났기 때문에 부지런히 일하지 않고서는 잘 살 수 없다는 진리를 깨달았다 네. 또 약하게 태어난 덕분에 건강의 소중함도 일찍 알게 되어 몸을 아끼고 건강에 힘써 지금 90살이 넘었어도 30대의 건강을 유지하면서 겨울철 냉수마찰을 한다네. 또 초등학교 4학년을 중퇴했기 때문에 항상 이 세상 모든 사람을 나의 스승으로 받들어 배우는 데 노력하여 많은 지식과 상식을 얻었다 네. 이러한 나의 어린 시절의 불행한 환경이 나를 이만큼 성장시켜 주기 위해 하늘이 준 시련이라 생각되어 감사하고 있다네."

교만으로 실패한 정치적 사례를 돌아보다

2016년 정부 여당이 놀랍게도 선거에서 참패했다. 2016년 4월 13일 치러진 총선에서 집권 정부 여당의 오만과 독선, 국민을 우습게 알고 180석 확보가 무난할 것처럼 교만을 떨다가 철퇴를 맞고 참패, 원내 제1당의 자리도 야당에게 내어주고 말았다. 총선 사상 드문 사례다. 박근혜 정권의 콘크리트 지지 기반인 50대 이상 장년층과 경상도, 충청도는 무조건 지지할 것으로 착각하면서 여유를 부렸다. 참패의 핵심은 이들 세대와 지역들이 무조건 정부 여당을 지지해 줄 것이라고 믿고 있던 교만 때문이었다.

이명박 정부의 이른바 실세였던 이재오, 이방호 의원이 2008년 4월 총선에서 나란히 낙선했다. 이재오 의원은 서울 은평에서 창조한국당 문국현 대표에게 1만여 표 차이로, 이방호 사무총장은 경남 사천에서 민주노동당 강기갑 의원에게 182표 차로 패배했다. 당시 박근혜 당대표는 당내 경선이 끝난 뒤 이들을 향해 "오만의 극치"라고 말했고 "정치적 책임을 져야할 사람들"이라고 비난했다.

시아버지 8선, 남편 5선, 아들 초선, 할머니 2선, 형부 3선 등 시댁 친정 합쳐 19선 국회의원을 배출, 한국 정치사에 기록을 세운 정일형 가문 얘기다. 민주당 정대철 고문의 아내 김덕신 여사는 정일형 박사의 며느리이다. 그녀는 "아들 선거에 가장 가슴 졸였다"고 고백했다. 서울 중구에서 초선으로 국회의원에 당선된 아들에게 그녀는 축하의 말 대신 "첫째도 둘째도 셋째도 항상 겸손하라"라는 문자를 보내 세간에 잔잔한 감동을 던져주었다.

우리 사회에는 국회의원에 당선되고 겸손한 사람 없고 낙선하고 교만한 자 없다는 말이 회자되고 있다. 아무리 겸손하고 낮아지려 해도 당선되면 허리가 굽혀지지 않고 남의 충고를 새겨듣기 힘들어진다고 한다. 반면 낙선하고 나면 자신도 모르게 자신에 대해 반성과 성찰을 하게 되고 저절로 허리가 굽혀진다는 것이다.

세계적인 일류기업도 현재의 실적에 취해 자만하거나 교만하면 언젠가 도태되고 만다.

휴대전화제조업체 모토롤라(미국), 노키아(핀란드) 필름제조업체 코닥(미국) 등은 한때 세계 시장을 호령했지만, 오히려 지난날의 성공이 혁신을 더디게 하면서 발목을 잡아 세계무대에서 쓸쓸히 살아지고 말았다.

핀란드의 NOKIA는 자신들이 세계에서 제일 먼저 스마트폰에 대한 아이디어를 내놓았음에도 불구하고 기존의 휴대전화 성공에 도취해 제 때에 세계시장이 급속히 스마트폰 시장으로 넘어가는 추세를 외면, 이 시장에 진출하는 데 실패하면서 결국 기업이 위기를 맞게 되었다.

NOKIA는 한국의 삼성그룹 같은 핀란드의 대표기업이다, 1860년대에 창업해서 2007년까지 세계휴대전화 시장 점유율 50% 이상을 차지했던 노키아는 현재 세계 시장에서 그 이름이 거의 사라졌다. 노키아는 원래 펄프, 종이, 고무장화 등을 만드는 회사였다. 1992년 노키아의 CEO로 취임한 올릴라가 다가올 미래시장을 예측, 기존 사업포트폴리오를 정리하고 휴대전화 시장으로 진출을 선포했다. 노키아는 휴대전화 사업을 시작한지 불과 1년 만에 22억 5000만 달러의 수익을 창출하면서 모바일 시장에 새로운 역사를 쓰기 시작했다.

세계 카메라필름의 대명사 미국의 이스트먼 코닥(Eastman Kodak)을 1932년 창립한 조지 이스트먼(당시 77세)이 2012년 회사를 설립한지 131년 만에 파산보호신청을 앞두고 권총 자살로 생을 마감했다. 미국에선 오랫동안 기록하고 싶은 순간을 '코닥의 순간'이라고 부른다. 그야말로 Kodak(코닥)은 미국의 전설이요 신화였다. 1976년 코닥은 미국 필름시장의 90%를 차지했었다. 1990년대까지 전 세계 모든 나라에서 만날 수 있는 1등 상품이었다. 90연대 초반 코닥의 연 매출은 190억 달러(약 21조원)에 육박했다. 코닥의 몰락을 가져다준 디지털 카메라를 처음 개발한 회사는 놀랍게도 바로 코닥이었다. 1975년에 코닥은 디지털 카메라를 개발해 놓고도 급격한 시대변화에 미리 적응하려는 노력을 개을리한데서 비극은 싹 텄다. 이들은 새 제품이 기존 주력제품이던 필름시장을 잠식할 까 봐 디지털 카메라의 개발에 적극 나서지 않았다. 그러는 사이 다른 기업들은 경쟁적으로 디지털 카메라 제품을 내놓기 시작했다. 2000년대에 들어 필름시장의 대세는 디지털 카메라로 완전히 넘어갔다. 때문에 2003년 코닥의 매출은 130억 달러로 급락했다. 당시 "필름카메라시대가 저물고 있다는 사실을 모두가 알고 있는 데 코닥만 모르고 있다"는 이야기가 나올 정도였다. 결국 코닥은 급변하는 시장의 패러다임변화에 대응하지 못해 세계정상의 자리에서 하루아침에 바닥으로 추락하고 만 것이다.

세계 콜라시장에서 줄곧 2등의 자리만 지키고 있던 펩시(Pepsi)가 지난 2007년 108년 만에 처음으로 코카콜라(Coca-Cola)를 앞지르고 1등으로 도약했다. 당시 미국적 풍요로움의 상징이었던 코카콜라는 탄산음료의 질을 높이는데 몰두한 반면 펩시는 새로운 사업을 찾는 데 많은 노력을 기울였다. 펩시는 스넥, 기능성 음료 등 새로운 부분에서 성장 동력을 찾기 시작했다. 즉 펩시는 웰빙 음료의 다각화에 성공하면서 매출과 총이익에 이어 시가총액마저 코카콜라를 추월했다. 건강바람으로 탄산음료 시장이 내리막길에 접어든 상황에서 전체 사업에서 탄산음료가 차지하는 비율은 코카콜라가 80%라면 펩시는 20%밖에 되지 않았다. 결과적으로 코카콜라는 혁신에 실패함으로써 침체의 길로 들어간 반면 펩시는 지속적이고 과감한 혁신으로 콜라업계에서 정상에 올라설 수 있었다.

캐나다의 블랙베리도 한때는 휴대전화 분야에서 남북미시장을 독점하던 기업이었지만 독점에 안주한 나머지 기업을 이노베이션하는데 실패하는 바람에, 지금은 시장에서 그 이름조차 찾아볼 수 없게 되었다.

한 세기 이상 전통을 고수하며 혁신을 게을리했던 스위스 시계 산업이 한때 일본의 전자시계의 공습으로, 몰락할 뻔했다 그나마 스위스 시계는 뒤늦게 위기를 절감하고 재빠른 혁신에 전력투구한 덕으로 겨우 살아날 수 있었다.

1960년대까지 세계 수동 타이프라이터 시장을 독점했던 미국의

Smith Coronna사도 현실에 안주하면서 시대변화를 예측하고 이에 대비하는 데 실패, 과감하게 수동이 아닌 전동(電動)으로 이노베이션에 성공한 IBM에 처참하게 당해 시장에서 살아지고 말았다.

1970-1980년대 세계적인 오일쇼크 후 미국자동차 시장을 주름잡던 유류과소비 대형자동차들이 기름절약형인 일본차의 공습으로 한때 상당기간 미국시장을 내주었던 뼈아픈 사례도 참고할 만하다.

비즈니스 세계에서는 어떤 기업이든 오늘 정상에 올랐다고 해서 과거의 영광에 도취해서 잠시라도 방심하면 금방 낭떠러지로 떨어지고 만다. 이같이 살벌하고 무자비하고 냉엄한 전투장이 바로 비즈니스 세계의 현실이다.

1970-80년대 일본 가정업계의 삼두마차로 세계전자시장을 주름잡던 파나소닉, 소니, 샤프가 얼마 전 최악의 경영위기에 몰렸던 원인도 바로 그들의 자만심 때문이었다. 우리가 곧 세계 최고이고 표준이라고 우쭐대며 과거의 성과에 취해 세계시장의 흐름을 놓치고 만 때문이었다. 세계1등 기업도 잠깐 한눈을 팔면 바로 망해 버리는 세상이 비즈니스계의 생리이다. 현재는 특히 회사의 최고경영자가 한때 성공했던 과거의 노하우와 전략, 제품에 너무 집착하게 되면 눈 깜작할 사이에 경쟁자들에게 뒤처지면서 도태되고 마는 살벌한 경쟁사회에 우리가 살고 있다

한때 세계전자시장을 호령하던 일본의 SONY는 아날로그에서 디지털로 넘어가는 시점에 기존 브라운관 TV의 큰 성공에 대

한 집착과 자만이 평면TV로의 과감한 이행에 발목을 잡혔다. 지난 2012년 국제신용평가사들은 파나소닉, 소니. 샤프 등 일본을 대표하는 가전3사에 대해 정크본드 판정을 내렸다. 이처럼 전자업계는 정보산업분야이기 때문에 어느 산업분야보다 현기증이 날 정도로 너무나 빠르게 변한다.

1990년대 말 일본항공(JAL)이 무너져가고 있었다. 당시 세계 1위 여객수송 실적과 최고 서비스로 1980년대 소니와 함께 일본 성공의 상징이었던 JAL이 몸이 무거워 제대로 날지 못하게 된 것이다. 누적부채가 2조 3000억 엔으로 이미 회생가능성이 거의 없어진 것이다. '하늘의 일본'으로 불렸던 일본항공은 2001년 이후 네 차례나 공적자금을 지원받았지만 끝내 회생하지 못하고 파산보호 신청을 하게 된 것이다. 지난 1987년 민영화됐지만 최고경영진에 관료출신 낙하산 인사가 계속 지속되고 노동조합이 무려 8개가 활개를 칠 정도로 경영이 엉망이 되면서 회사 경영개선에 실패하면서, 결국 엄청난 부채를 안은 채 몰락하고 말았다.

미국 ABC방송은 2009년 8월 2009년 형 일제 도요타 렉서스 ES350을 타고 가다 사고를 당한 일가족이 응급 신고전화 911에 남긴 급박한 목소리를 지난달 27일 공개했다. 캘리포니아 고속도로 순찰대 소속 마크 세일러 씨는 캘리포니아 샌디에이고 부근 고속도로에서 부인, 딸, 처남과 2009년형 렉서스를 시속 약 50마일(약 80킬로미터)로 몰고 가던 중 갑자기 속력이 120마일(약 190킬로미터)로 치솟으면서 사고가 나 탑승자 4명이 모두 숨졌다. 동승한 처남은 당시 "가속 페달이 제멋대로인데다 브레이크가 듣지 않는다. 우리는 곤경에 처해있다."고 소리쳤다.

도요타가 안전결함으로 캠리, 라브포 등 8개 모델의 미국 내 생산, 판매를 중단한 가운데 당시 혼다자동차도 '피트' '재즈' '시티' 모델 등 64만 대를 리콜했다. 그동안 일본은 세계자동차시장 점유율을 높이느라 질보다는 양에 매달렸고 지나친 비용절감이 품질 추락으로 이어졌다는 것이다. 일본제품에서 잇따라 결함이 발견되면서 일본제조업의 자부심에 상처가 났다. 혼신의 힘을 다해 최고의 물건을 만든다는 '모노즈쿠리(物造り)'로 통하는 장인정신 이미지에 큰 흠집이 생기고 말았다.

성경, 명언, 속담, 고사성어 속 겸손은 진리이다

- 성경에 따르면 하느님이 천지를 창조할 때 제1일에는 무엇을 창조하고, 2일에는 또 다른 것을, 3일 이렇게 순서에 따라 차례로 만들어 6일째 천지창조를 완성했다. 그런데 하느님은 왜 최후의 날인 6일째에 인간을 만들었을까?. 탈무드에 따르면 하느님은 우리 인간이 하찮게 생각하는 파리 한 마리도 인간보다 먼저 창조했다고 한다. 이 천지창조의 순서를 생각해보면 절대로 인간은 교만해질 수 없다는 것이다. 탈무드에 의하면 이 창조의 순서는 인간에게 자연에 대한 겸허함을 가르치기 위해서라고 한다. 그러므로 하느님의 능하신 손 아래서 겸손하라. 때가 되면 너희를 높이시리라.(베드로전서 5장 6절-7절)

- 실패는 겸손을 가져다준다.
- 겸손은 사람을 머물게 한다.(정약용, '목민심서')
- 겸병필승(謙兵必勝)이란 겸손하면 반드시 이긴다는 뜻이다.
- 명성을 구하여 달리는 자는 명성을 따라잡지 못한다. 그렇지만 명성으로부터 피해 달리는 자는 명성에 붙잡히게 된다.〈탈무드의 머리, 처세 편〉
- 남자의 일생에는 세 가지 중요한 것이 있다. 하나는 인생을 걸고 싶을 만큼 귀한 친구이고 또 하나는 고단한 길에 지침이 되어주는 선배이며 나머지 하나는 자신을 성숙하게 해주는 책이다
- 세상에는 도를 넘으면 안 되는 것이 여덟 가지가 있다. 여행, 여자, 부, 일, 술, 수면, 약 그리고 향료이다.〈탈무드의 머리, 처세 편〉
- 당신이 성공을 원한다면 최소한 3명의 멘토를 모셔라. 학교시절에 은사, 10년 정도의 선배와 그리고 세대 차이를 배울 수 있는 20년 정도의 후배.
- 만나는 사람 모두를 삶의 스승으로 여겨라. 일상생활에서 끊임없이 나보다 나은 훌륭한 사람들과 그리고 좋은 친구를 만나라.

사과하는 것을 창피하게 생각하지 마라. 사과를 많이 하는 사람일수록 소득이 높다는 여론조사 결과가 나와 있다. 미국의 여론조사전문기관인 조그비 인터내셔날은 최근 미국인 7590명을 대상으로 온라인 여론조사를 실시한 결과 연봉이 10만 달러 이상인 고소

득자가 연간 2만 5천 달러 이하 소득을 올리는 빈곤층보다 2배 정도 사과를 많이 하는 것으로 드러났다고 밝혔다. 이 조사기관의 관계자들은 고소득자들은 자신이 잘못했을 때 사과하는 게 자신의 경력에 흠이 되지 않는다는 것을 알기 때문이라고 분석했다.

무슨 일을 시작할 때 처음 마음속으로 다짐했던 초심(初心)을 지켜라. 초심을 상실했다는 것은 교만이 싹트기 시작했다는 것이다. 초심이란 겸손한 마음, 순수한 마음, 배우는 마음, 회사에 처음 입사하는 수습사원이 품는 마음이다.

한국축구국가 대표 감독 홍명보의 실패 사례를 보자. 그는 지난 브라질 월드컵에서 국가대표단을 이끌고 경기에 참가했다. 그러나 그는 자신이 지도자로 런던 올림픽 때 딴 동메달에 취한 나머지 세계축구의 흐름을 파악하지 못하고 올림픽 경기 때 구사했던 옛 전술을 그대로 답습했다. 결국 한국대표팀은 월드컵 경기에서 예선도 통과하지 못하고 자멸, 짐을 싸서 일찌감치 돌아올 수밖에 없었다.

Part2

성공습관의 구체적
12가지 실천방안과 비법

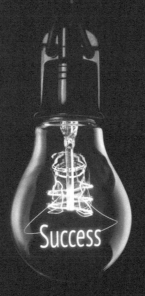

01

목표를 확립하라

목표를 확립하라

목표설정이야 말로 성공으로 가는 길에 길잡이 역할을 하는 가장 중요한 첫 과제이다.

진실로 멋진 인생의 성공을 바란다면 일생의 목표를 그냥 세우는 것이 아니고 '확립'해야 한다. 즉 확실하게 세워야 한다. 장, 단기 목표를 확립했으면 평소에 자기가 늘 볼 수 있는 거울, 책상, 벽, 자동차 등에 그 목표를 써 붙여라. 그 목표를 시간 날 때마다 마음속으로 상기하라. 그리고 목표 달성을 위해 줄기차게 노력하라(Establish goals, short and long term. Put them in writing. Work constantly toward fulfilling them). 영어의 'Establish'는 그냥 세우다가 아닌 '확립하다'의 개념이다. 여기에는 인생의 목표를 세울 때는 기업을 창업하는 심정으로 목표를 세워야 한다는 차원 높은 철학이 담겨있다. 목표설정은 막연한 과제이다. 그러나 목표는 성공으로 가는 가장 중요한 일 중 하나이다. 인간에게 목표가 있느냐 없느냐에 따라 그 사람의 인생 종착에 마지막으로 나타나는 결과는 천당과 지옥 같은 차이가 난다. 확고한 목표를 세우고 그 목표를 향해 줄기차게 달리는 사람은 일상생활에서 언어, 사고방식, 걸음걸이, 대인관계 등 생활방식까지 자신의 목표에 맞추게 된다. 놀랍게도 이 세상에는 너무 많은 사람들이 목표 없이 그저 인생이란 강물에 몸을 맡긴 채 하류로 정처 없이 흘러가고 있다.

목표는 도로에 차선 역할을 한다. 분명한 목표를 지니고 있지 않으면 우리의 삶도 방향성을 잃게 된다. 확고한 목표를 가진 사람과 그렇지 않은 사람은 행복감을 느끼는데도 큰 차이가 난다.

큰 물고기를 잡으려면 큰 낚싯대를 준비해야 하는 것처럼 뜻을 크게 세워라

현재 내가 비록 새우잠을 자고 있는 처지지만 그래도 꿈은 고래 꿈을 꾸어야 한다. 꿈을 가지고 있다면 우리는 나이에 상관없이 언제나 청년이다. 내일에 대한 꿈을 포기하고 오늘만을 바라보고 사는 사람이라면 그 사람은 이미 노인이다.

우리는 누구나 이미 성공의 잠재력을 99% 가지고 있다. 누구든 꿈의 높이만큼 올라서고 무엇이든 열정의 크기만큼 얻을 수 있다. 세상은 보이는 만큼 내 것이 되고 생각하는 만큼 현실이 된다. 그리고 꿈은 반드시 이루어진다. 이것이 진리이다.

애초에 우리의 꿈의 크기는 무한대이지만 사람들 스스로가 그 꿈을 작은 어항에 또는 수족관이나 연못에 가두는 경우가 대부분이다. 일본인들이 즐겨 기르는 관상어 중에 릴러 '코이'가 있다. 이 잉어는 어항에서 키우면 5-8cm밖에 자라지 않지만 큰 수족관이나 연못에 놓아 기르면 15-25cm까지 자라고, 넓은 강에 방류하면 90-120cm까지 자란다고 한다. 코이의 성장은 바로 우리의 꿈의 모습과 유사하다는 것을 깨달아야 한다.

보는 눈에 따라 세상은 달라진다. 개구리의 눈으로 보면 자기가 살고 있는 실개천이 세상 전부일 뿐이지만 고래의 눈으로 보면 태평양이 내 세상이 된다.

영국 축구 명문 맨체스터 유나이티드의 알렉스 퍼거슨 전 감독이 제시한 그의 8가지 성공 철학을 소개한다. 그는 제일 먼저 특별히 '높은 목표'를 세우라고 강조한다. 그의 성공 철학을 보면, 높은 목표를 세워라, 기초부터 시작하라, 리 빌딩을 두려워하지 마라, 팀의 주도권을 잡아라,상황에 맞는 메시지를 전달하라, 승리할 준비를 철저히 하라, 관찰을 중요시하라, 새로운 환경에 적응하라이다.

기회는 3P로 준비된 자의 편이다

반드시 성공하려면 뚜렷한 목표(Purpose), 자기 일에 대한 열정(Passion) 그리고 끝까지 물고 늘어지는 끈기(Persistence) 즉 3P를 구비해야 한다. 3P를 준비해야만 기회는 찾아온다. 준비되지 않은 사람에게도 기회가 찾아오지만 그 기회를 바로 눈앞에서 놓치고 마는 경우가 허다하다.

꿈을 머리나 가슴에 담아두기만 하면 그것은 한낱 몽상에 지나지 않는다. 하지만 꿈을 서류에 기록한 후 소리 내어 말하고 자꾸 들여다보면 기적 같은 일이 일어난다. 꿈을 자주 생각하고, 말하고, 상상하게 되면 우리 뇌는 그것을 이루기 위해 최선을 다하게 되고, 그것은 다시 꿈을 이루기 위한 행동으로 나타난다. 스스로 망각하고 외면하지 않는 한 꿈은 반드시 이루어진다.

작은 것이 없는 큰 것은 존재하지도 않는다

성공하려면 큰 것도 중요하지만 작은 것이 보다 주요한 경우도 많다. 우리가 길을 가다가 넘어지는 경우도 큰 바위에 걸리는 경우보다 하찮은 작은 조약돌에 걸려 넘어지는 사례가 더 많다. 통 큰 한국이 거의 반세기 동안 통 작은 일본에게 수모를 당해 온 것도 우리는 작은 것을 우습게 알았기 때문이었다. 해외시장에서 원가 몇 달러, 몇 센트로 일본과 경쟁하고 있는 한국기업들이 고전하는 이유도 제품의 마무리(finish) 단계에서 아주 작은 사소한 부분에서 소홀하거나 실수하기 때문에 해외시장에서 일본에 밀리는 경우가 허다하다.

작은 길을 사랑하지 않는 사람은 결국 큰길로 가는 길을 놓치고 만다. 단 1초가 세상을 변화시킨다는 이치만 알아도 아름다운 인생이 보이기 마련이다. 작은 것이라고 무시하지 마라. 거대한 댐도 아주 작은 개미구멍 하나로 무너진다.

　성공을 원한다면 이상과 현실. 원론과 각론. 전략과 전술. 고래와 새우를 동시에 볼 수 있어야한다. 신기루 같은 뜬구름만 쫓거나 머리카락에 홈을 파는 식 어느 한쪽에 치우치면 실패하고 만다.

당신은 성공할 수 있는 사람으로 태어났다고 상상하고 그렇게 느껴보라

　그러면 당신이 기도하는 소망의 기적이 당신에게 틀림없이 일어난다. 행복은 목표를 위해 전력투구하는 사람에게 찾아온다.

　성공한 사업가란 자기의 사업계획이 성공하고 있는 상태를 미리 선명하게 그려볼 수 있었던 사람들이다. 어느 분야에서나 이렇다 할 뛰어난 일을 하고 있는 사람들은 그 활동을 미리 자기의 마음속에서 봤던 사람들이란 것을 잊지 말라. 평소에 늘 자기의 모습이 대형극장 스크린 가득히 영사 되는 광경을 꿈꾸지 않았던 배우가 세계적인 유명한 배우가 된 사람은 없다.

인생 단계별 계획, 100세 장수시대에 대비한 인생3모작계획을 세워라

　이제는 100세 장수시대이다. 따라서 100세 시대에는 과거와는 달리 제2, 제3의 인생설계를 해야 한다. 그리고 제2, 제3의 직업을 모색해야 하는 시대이다. 시대변화에 대한 적응력이 뛰어난 사람과 사전에 준비된 사람만이 노후에도 이직, 전직은 물론 창업이 가능하다.

100세 장수시대에 대비한 인생3모작계획, 25세-55세 1모작, 55세-65세 2모작, 65세-80세 3모작이다. 일생 스케줄은 준비기간 25년, 활동기간 55년(25세-80세), 정리기간 20년(80세-100세)이다. 평생에 적어도 3-5개 이상의 직업을 가질 것을 계획하라.

실현 가능한 목표를 세워라

목표는 실제로 성취할 수 있는 합리적이고 실현 가능한 목표를 세워야 한다.

목표는 실제로 성취할 수 있는 합리적이고 실현 가능한 목표를 세워야 한다. 목표를 세우는 방법으로 먼저 그 자체만으로도 즐겁고 의미 있는 일을 목표로 세울 때 행복해진다. 구체적인 목표를 세운 사람들이 그렇지 않은 사람들 보다 훨씬 성공률이 높다고 한다. "열심히 공부하기" 같은 애매한 목표를 세우기보다는 "하루에 영어단어 20개 암기하기" "한 달에 책 3권 읽기" 같은 구체적인 목표가 효과적이다.

또 다른 전략은 "하지 말자" 대신에 "하자"의 목표를 세우는 것이다. 이처럼 '하자'의 목표를 심리학에서는 '접근의 목표'라고 한다. 어떤 일을 회피하고 안주하기 보다는 적극적으로 추구하는 접근의 목표를 세우는 것이 행복한 사람의 특징이다. '하지 말자'는 축구의 전술로 비유하면 수비에 해당되고 '하자'는 골을 넣기 위한 공격을 의미한다.

[성공사례]

- 김성근 야구감독이 말하는 성공의 5단계

• 목적 - 원대한 목표를 세워라.

• 계획 - 구체적인 세부계획을 정하라.

• 실행 - 한번 정한 일은 반드시 지켜라.

• 계승 - 반복에 반복, 24시간 몰입하라.

• 반성과 연구 - 뒤를 돌아본 뒤 다시 앞으로 나가라.

혼혈이란 이유로 친구들로부터 놀림 받던 소년이 어느 날 갑자기 싱가포르의 국가적 영웅이 되었다. 지난 2016년 8월 13일 브라질 리우올림픽 수영 100m 접영경기에서 싱가포르는 역사상 처음으로 올림픽경기에서 금메달을 땄다. 그 주인공은 조셉 스쿨링(21)이다. 스쿨링은 세계적인 수영 황제 마이클 펠프스(31, 미국)와 함께 레이스를 펼쳐 그를 제치고 금메달을 목에 걸었다. 펠프스는 올림픽 개인전에서만 통산 13개의 금메달을 따면서 올림픽 역사 2000년 동안에 최다 금메달 기록을 갈아치운 인물이다. 그런 수영 영웅 펠프스를 올림픽에 첫 출전한 애송이 스쿨링이 꺾은 것이다. 기적이 일어난 것이다. 스쿨링은 "나는 펠프스 같은 선수가 되길 원했다. 그것이 바로 내가 수영을 하는 이유"라고 말했다. 그는 "펠프스 옆에서 경기를 한 것만으로도 만족한다. 정말 미친 듯이 좋다"고 털어놓았다. 스쿨링은 세 살 때 수영을 시작했다. 그의 증조부는 영국군 장교, 증조모는 포르투갈-유라시아계다. 어머니는 중국계 말레이시아인이다. 때문에 외모가 동양계와 달라 어릴 때 친구들로부터 놀림을 많이 받았다. 그런 그에게 수영은 편견이 없는 천국이었다. 수영을 즐기면서 최선을 다했다. 스쿨링은 2008년 베이징올림픽을 앞두고 싱가포르에 전지훈련을 온 펠프스를 만난 적이 있다. 펠프스를 만나 사진을 한 장 찍고 그 후 스쿨링은 수영에 대한 갈망이 더욱 커졌다. 이듬해 미국으로 수영유학을 떠나 강훈련을 이어 갔고 마침내 올림픽에서 자신의 우상을 꺾었다. 싱가포르는 난리가 났다. 리 셴룽(李顯龍)총리는 8월 15일 싱가포르 의회가 회의에서 스쿨링과 그 가족들을 초청해 대대적인 환영행사를 열겠다고 발표했다. 스쿨링은 싱가포르 올림픽위원회로부터 금메달 포상금 100만 싱가포르달러(약 8억 2000만 원)을 받게 됐다. 이 금액은 세계 각국이 올림픽 메달리스트들에게 주는 포상금 중 가장 많은 금액이다.

일본 소프트뱅크의 창업자 재일교포 손정의 회장은 "마음을 먹었으면 실천해야 한다. 한 번뿐인 인생, 뭔가 큰일을 하자. 일본 제1의 사업가가 되자. 나는 단단히 결심했다. 그는 자신의 결심을 끝내 실현하는 데 성공했다.

여공 출신 서진규 하버드대학 박사(63). 영어판 '아메리칸 드림'을 출간, 현재 '희망 전도사'로 활동하고 있는 그녀는 지난날 지독한 가난 때문에 학업을 포기하고. 식당 직원, 가발공장 여공을 거쳐 결혼했는데 남편의 폭력에 못 이겨 이혼하고는 불행히도 간염에 걸렸다. 그녀에게는 숱한 시련이 연속으로 찾아왔다. 그러나 그녀는 매일, 매 순간 스스로 자신의 가슴에 희망의 씨를 뿌렸다. 그리고 그녀의 오랜 꿈을 현실로 바꾸기 위해 미국으로 갔다. 그녀는 목표를 착실하게 실행에 옮겨 35년 만에 기적 같은 아메리칸 드림을 이뤄냈다. 가발공장 직원이던 자신이 미국군 소령을 거쳐, 세계가 알아주는 명문대학인 하버드대에서 박사학위를 취득하는 데 성공한 것이다. 그녀는 말한다. "세상에서 가장 나쁜 것은 희망 없이 사는 것"이라고.

"어떻게 이 넓은 미국 땅 중에서 저 좁은 뉴잉글랜드 지방에서 미국의 역사를 움직이는 인물들이 많이 나왔을까?. 학자들이 그 이유를 분석해보았다. 그리고 그들이 내린 결론은 뉴잉글랜드지방 사람들은 가정에서 기회가 있을 때마다 자녀들에게 자주 이 말을 한다고 합니다." "Boys, be ambitious!", "Girls, be ambitious!", "소년, 소녀들이여, 야망을 가져라"라는 말이다. 원대한 비전을 품으라는 뜻을 가진 이 말이 어린이들의 마음속에 자라나 미국 역사를 움직이는 위대한 인물들을 키운 원동력이 되었다고 한다.

미국 건국의 아버지 조지 워싱턴, 그는 열두 살 때 "나는 군대를 이끌어 미국을 독립시키고 대통령이 될 것이다"라는 꿈과 목표를 세웠고 이를 글로 적어 벽에도 붙이고 그가 가는 곳마다 이 목표를 써놓고 읽으면서 목표실현을 위한 결의를 다졌다고 한다. 그리고 정확히 45년 후 그는 영국과의 독립전쟁에 독립군 사령관으로 참전해서 승리, 미국을 독립시키는 데 성공한 데 이어 그 여세를 몰아 미합중국 초대대통령으로 당선되었다.

"나는 1980년 미국에서 가장 유명한 동양인 배우가 되어 있을 것이다." "나는 1,000만 달러의 계약급을 받을 것이다." 세계영화사상 액션영화의 새로운 지평을 연 홍콩의 이소룡이 무명배우시절에 종이에 적어 항상 지니고 다니던 자신의 꿈이었다. 마침내 그는 자신의 꿈을 실현했고 그가 친필로 작성한 결연한 의지가 담긴 이 종이쪽지는 현재 뉴욕 플래닛 헐리우드에 소장되어 있다.

호주의 한 소년이 세계적으로 명성을 가지고 있는 심리학계의 거물 머피 박사의 권고를 받아들여 의사가 되기로 결심하고 곧장 행동에 들어갔다. 그는 그의 집에 의사 면허장을 그려 벽에 붙여놓고 거기에 큰 글자로 자기 이름을 써 넣었다. 소년은 매일 밤 자기전에 의사가 되는 꿈을 꾸었다. 그리고 자기의 진료소에서 그 면허장이 들어 있는 액자의 유리를 닦고 있는 자신의 모습을 마음에 생생하게 그렸다. 약 4개월간 매일 밤 줄기차게 이 마음의 그림을 그려가고 있었는데 기적 같은 결과가 나타났다. 그곳 병원에 근무하던 한 의사의 도움으로 그는 놀랍게도 그 병원의 전문 조수로 고용되었다. 그 후 그는 의과대학에 입학했고 수학한 후 인턴, 레지던트, 의사시험 등 각종과정을 거친 끝에 의사면허를 받았다. 그리고 현재 그는 캐나다의 몬트리올에서 병원을 개업, 의사로 활동하고 있다.

전화기는 미국의 발명가 벨이 처음 발명한 것으로 알려져 있으나 사실은 벨보다 먼저 독일의 과학자 필립 라이스가 발명했다고 한다. 라이스는 소리와 음악을 전달할 수 있는 최초의 전화기를 발명했지만 말소리를 전달할 수 없었다. 그 이유는 그가 만든 전화기에 작은 나사 하나가 약간 덜 조여져 있었기 때문이었다고 하는데 그 차이는 하찮은 0.5밀리에 불과했다. 그러나 벨은 라이스가 만든 전화기의 덜 조인 나사를 반 바퀴 정도 더 조여 말소리까지 전달할 수 있는 전화기를 만들어 냈다. "나는 성공을 0.5밀리 앞에 두고 포기했다." 벨의 성공을 지켜본 라이스는 이렇게 탄식했다고 한다. 정말 백지 한 장의 차이가 결과는 천당과 지옥으로 갈라놓은 것이다.

02

일과(日課)를 계획하라

- 일과(日課)를 계획하라

'반드시 해야 할 일', '해야 할 일', '할 수 있는 일'들을 각각 5가지 목록을 준비하라.

먼저 일의 우선순위를 정하라, 정해진 일과를 완수하기 위해 전력투구하라, 절대로 포기하지 마라. 그날의 일과는 반드시 그날에 끝을 내라.

Plan your day. Establish priorities. Prepare Must do, Should do and Could do lists daily, with at least five items under each.

- 어제의 미련을 버리고 내일을 근심하지 말자.

어제는 이미 지나간 일, 되돌릴 수 없는 역사. 과거의 일에 얽매어 고민하지 말라. 고민한다고 뭐가 달라지는 것이 없다. 어제의 실패는 앞으로 살아가는데 다만 참고자료가 될 뿐이다. 오지도 않은 내일을 가불해서 근심하지 말자. 내일 일을 위하여 염려하지 말라. 내일 일은 내일에 염려할 것이요 한날의 괴로움은 그날로 족하니라.(마태복음 ; 6장 ;34절)

너희는 마음에 근심하지 말라. 하느님을 믿으니 또 나를 믿으라.(요한복음 14장 ; 1절)

- 일의 우선순위를 정하라.

그리고 일을 착수하기 전에 일의 우선순위를 확립하라. 가장 시급하고 주요한 일부터 먼저 처리하기 위한 원칙이다. 하루의 일 즉 일과(日課)를 짜거나 일의 우선순위를 결정하는 것도 그냥 '세우는 것'이 아니라 '기획'하고 '확립'하는 자세로 임해야 한다. 왜냐하면 오늘 하루가 우리 일생에서 가장 중요하고 한 번밖에 없는 유일한 날이기 때문이다.

일을 세 가지 부류로 나누어라. 여기에는 '반드시 해야 할 일', '해야 할 일', '할 수 있는 일'들을 각각 5가지 목록을 작성, 준비하라. 그리고 일의 중요성에 따라 우선순위를 두고 처리하라.

– 오늘 일은 오늘 처리하라.

일을 미루거나 쌓아두지 마라. 빨리 결정하고 곧바로 해치운 다음 머리속을 비워라. 삶의 질이 높아진다. 일을 처리하고 나면 더 생각할 필요가 없으니 스트레스도 사라진다. 하지 못한 일에 대한 불안이 없어야 지금 하고 있는 일에 더욱 긍정적이고 편안하게 몰두할 수 있다.

신은 인간에게 정말 공평하게 시간을 나누어 주었다. 누구에게나 하루는 24시간이요, 분으로 계산하면 1,440분이다. 세상에서 가장 공평하게 받은 시간을 인간이 어떻게 쓰느냐에 따라 성공하는 인생이 되기도 하고 실패하는 삶도 된다. 직장생활을 프로처럼 하느냐 아마추어처럼 하느냐에 따라 인생이 판가름 나는 것과 같은 원리이다. 인생 70이라고 하던 시대에 학자들이 인간이 주어진 시간을 어떻게 사용하는가를 분석해 봤더니 잠자는 시간 27년 반, 일하는 시간 13년, 화내고 속상한 시간 6년 3개월인데 웃는 시간은 겨우 46일이었다고 한다. 성경에 신은 인간을 만들 때 자기와 똑같은 형상으로 만들었는데 형상은 모습만이 아니라 위대한 능력도 함께 주었기 때문에 우리가 간절히 원하면 원하는 대로 모든 것을 이루게 된다. 성공, 실패, 행복, 삶과 죽음도 예외가 아니다. 인간이 주어진 시간에 전력투구하면 불가능이 없다는 얘기다.(이상헌, 흥하는 말씨 망하는 말투)

숯과 다이아몬드는 탄소라는 원소로 되어있다. 똑같은 원소가 하나는 아름다움의 상징인 다이아몬드가 되고, 다른 하나는 보잘것없는 검은 숯 덩어리가 된다. 인간에게는 하루 24시간이라는 원소가 있다. 이 원소를 숯을 만드느냐, 다이아몬드를 만드느냐는 당신에게 달려있다. 성공한 사람들은 '하루 24시간'이라는 원소를 잘 다듬어 자신의 삶을 다이아몬드로 만든 이들이다.

성공한 사람의 달력에는 'Today'가, 실패한 사람의 달력에는 'Tomorrow'로 적혀있다. 현재 힘들고 불행하게 사는 사람은 '내일' 하겠다고 말하는 사람들이고 지금 성공해서 행복한 사람들은 '오늘' 한다고 말한 사람들이다.

오늘을 사랑하자

어제의 미련을 버리고
오지도 않은 내일을 걱정하지도 말자.
우리의 삶은 오늘의 연속이다.
오늘이 30번 모여 한 달이 되고
오늘이 365번 모여 일 년이 되고
오늘이 3만 6500번 모여 일생이 된다.

화내도 하루, 웃어도 하루 어차피 주어진 시간은 똑같은 하루다. 불평 대신 감사를, 부정 대신 긍정을, 절망 대신 희망을 말하자. 이미 밝은 날을 바꿀 수 있는 것은 바로 당신의 마음뿐이다.

오늘 하루는 하늘이 내게 준 선물이다, 그래서 영어로 현재를, 오늘을 Present(prizent)라고 한다. 때문에 오늘을 소중한 선물이라고 생각한다면 감사하면서, 열심히, 기쁘게 살아야 하지 않겠는가?.
우리가 하늘이 준 이 귀중한 선물, 오늘 걷지 않으면 내일은 뛰어
야 한다.

오늘 이 시간은 "내 남은 생애의 첫날"이며 죽은 자에게는 오늘
이 없다. 다만 어제가 있었을 뿐이다. 확실한 사실은 "오늘이 내 인
생에서 가장 젊은 날"이며. 우리가 지금 몇 살이든 지금이 우리 생
의 절정이며 가장 아름다운 순간이다.

현재, 오늘, 이 순간에 살자. 살고 있는 이 순간에 감사하고 만족
하자. 오늘 일을 오늘 하기 위해 전력투구하자. 과거를 장사 지내
버리고 미래도 단단히 닫아 버리자. 그러므로 과거와 미래라는 앞
뒤에 칸막이를 쳐 버리고 오늘만 있게 하자. 그리고 이 귀중한 오
늘을 가장 화려한 축제로 즐기자. 오늘이라는 날은 두 번 다시 찾
아오지 않는다는 것을 잊지 말자.

옛사람들이 전국 곳곳에 애일당(愛日堂)이라는 전각을 지었다.
그 이유는 하루하루를 아끼고 사랑하자는 뜻이 담겨있으며 삶의
낭비는 자신에 대한 은밀한 살인으로 생각했기 때문이었다. 가장
널리 알려진 애일당이라는 당호를 가진 집은 조선조 중종 때의 문
신이자 학자였던 농암(聾巖) 이 현보(李 賢輔 1467-1555)) 선생의
별당이다. 본래 이 전각은 낙동강 지류인 분 강기슭에 지었던 것이
지만 안동댐이 축조되면서 안동시 영지 산자락에 옮겨 지금에 이
르고 있다.

중국 동진시대 전원시인 도 연명(陶 淵明 ; 385-427)의 詩를 소개

한다. "젊은 시절은 두 번 없고 하루의 아침은 한 번이다. 때에 따라 공부할 것이며 세월은 인생을 기다리지 않는다."

41세 때 고향집에서 멀지 않은 팽택 현의 현령으로 나갔다가 재임 80여 일 만에 '오두미 때문에 허리를 굽힐 수 없다'는 유명한 일화를 남기고 사퇴하여 고향집에서 노년을 보냈다. 그의 작품 "귀거래사(歸去來辭)"는 사퇴의 변을 노래한 내용인데, 가난하지만 결코 부귀를 소원한 적이 없어 빈천하다고 걱정하거나 부귀에 급급하지 않았으며, 항시 문장을 짓고 스스로 좋아하며 언뜻 자신의 뜻을 내보이며 세속의 득실에 연연하지 않았다고 고백했다.

우리에게 유일한 것은 현재뿐이다. 지금 당장 파티복을 꺼내 입으라. 한 해 한두 번 걸칠 파티 복을 옷장에 고이 모셔둔 채 '오늘'을 빈곤하게 보내는 어리석음에서 벗어나야 한다. 일상의 삶이 "매 순간 축제의 장"이 되도록 살아야 한다. 좋은 항아리를 가지고 있으면 그날 중에 사용하라. 내일이면 깨져 버릴지도 모른다.〈탈무드의 머리, 처세 편〉

아침에 눈을 뜨면 먼저 오늘 하루, 나에게 좋은 일이 생길 것이라고 주문을 외워라. 그리고 나는 무엇이든지 할 수 있어!라고 구호를 외쳐라.

2016년 9월 4일 로마 바티칸에서는 마더 테레사(1910-1997) 수녀의 시성식(諡聖式)이 열렸다. '가난한 자의 성녀'란 별칭의 테레사 수녀가 가톨릭교회가 공식 인정하는 '聖女'가 된 것이다. 테레사 수녀는 평생 지금 눈앞에 있는 한 사람에 집중했다. 지금 내가 할 수 있는 것을 하자. 어쩌면 내일은 영영 오지 않을지 모른다. 가난한 우리의 이웃들은 내일이면 이미 죽은 자가 될지도 모른다. 그들에게 한 조각의 빵과 한 잔의 차가 필요한 것은 바로 '오늘'이다라는 소신을 가지고 살면서 봉사활동을 계속했다.

하루하루가 놀라운 기적. 시간에 얽매인 인간이 잃어버린 것은 "매일이 기적인 것을 깨닫지 못하는 것이다. 일출에 기뻐하고 옆에 사랑하는 사람들이 잠들어 있는 것에 감사하고 소박한 식사에 고마워해야 한다". "지금 이 순간순간이 행복합니다. 살아있다는 것부터 감사합니다". "지선아 사랑해" 저자. 이 지선, 3도 화상, 9년간 30번 수술하면서 체험한 경험을 바탕으로 절규하는 '인생론 강의'로 재기한 화제의 인물이 그녀의 저서에서 고백한 말이다.

지금 이 자리에서 일어나고 있는 일들에 집중하고 즐겨보자. 오늘의 즐거움을 내일로 미루지 말고, 지금 이 순간을 충분히 만끽하자. 이것을 즐길 줄 아는 사람이 행복한 사람이다. 내일은 해가 뜨지 않을 수도 있다. 하루살이에게는 오늘이 절정이다, 그들에게는 내일이 없다.

1989년에 만들어진 〈죽은 시인의 사회〉라는 영화. 미국의 명문 사립 고등학교에서 명문대 입학만을 위해서 공부에 시달리던 학생들이 시를 가르치던 괴짜 문학 선생님 키팅을 만나면서 인생에 대해서 새롭게 눈을 뜨게 되었다는 얘기가 줄거리이다. 어느 날 키팅은 '시의 이해'라는 과목을 강의하다 그 교과서에 쓰인 것이 쓰레기 같은 내용이라며 그 내용을 찢어버리라고 명하고는 책상 위로 올라갔다. 그리고는 학생들에게 세상을 보는 넓고 다양한 시각을 가질 것을 권고하며 이렇게 소리쳤다. "학생들이여! 현재를 즐겨라! 너의 인생을 특별하게 만들어라(Carpe diem. Seize the day, boys ! Make your life extraordinary)라고. 이 대사(臺詞)는 미국영화 역사상 명대사 100개 중 하나로 선정되었다.

Carpe는 라틴어로 '잡다', '포착하다' 라는 뜻이고 diem은 '하루' 라는 말, 즉 미래에 대해서 지나치게 걱정하지 말고 '지금', '여기', '현재'를 즐기고 충실하라는 뜻이다.

지금(只今), 성공한 사람의 시계에는 'Now'라는 로고가, 실패한 사람의 시계에는 'Next'라는 로고가 찍혀있다. 세상에서 가장 파괴적인 단어는 '나중'이고 인생에서 가장 생산적인 단어는 '지금'이다. 그래서 철학자들은 금(金) 중에 최고는 '지금'이라고 단언한다.

지금 하십시오

할 일이 생각나거든 지금 하십시오.

오늘 하루는 맑지만 내일은 구름이 보일지 모릅니다.

어제는 이미 당신의 것이 아니니

지금 하십시오.

친절한 말 한 마디 생각나거든

지금 하십시오.

내일은 당신의 것이 안 될지도 모릅니다.

사랑하는 사람은 언제나 곁에 있지는 않습니다.

사랑의 말이 있다면 지금 하십시오.

미소를 짓고 싶거든 지금 웃어주십시오.

당신의 친구가 떠나기 전에

장미는 피고 가슴이 설레일 때

지금 당신의 미소를 주십시오.

불러야 할 노래가 있다면

지금 부르십시오.

당신의 해가 저물면 노래 부르기엔

너무나 늦습니다.

당신의 노래를 지금 부르십시오.

모든 계획에서 가장 중요한 것은 실천이다.

모든 일은 '1할'이 계획이고 9할이 실천이다. (一分部署 九分落實) 중국의 국가주석 시진핑(習近平)이 그의 어록에서 밝힌 말이다. 실천 없는 계획은 앙금 없는 찐빵이다. 찐빵의 진가를 나타내는 핵심은 맛있는 앙금이다. 실천 없는 계획은 그냥 계획일 뿐이다.

"한 걸음 한 걸음 나아가는 것", 어떤 일을 하든지 목표를 달성하는 데 이보다 뛰어난 방법은 없다. 인생 여정은 등산과 같다. 출발부터 정상을 바라보면서 등산을 시작하면 질려서 절대로 정상까지 못 올라간다. 그저 한발 한발 눈앞에 내딛는 자리를 보면서 걸어가야 정상을 정복한다. 단, 내 딛는 발걸음마다 이게 마지막이라는 생각으로 온 힘을 다해서 걸어야 한다. 우리의 선조들도 "천리 길도 한 걸음부터" 시작된다는 명언을 남겼다.

내일부터 잘하자, 내주부터, 다음 달부터 시작하자라는 말은 영원히 못한다는 말과 똑같다. 이 말들은 자신에게 스스로 거짓말을 하는 것이다. 오늘 당장, 지금, 이 순간부터 행동에 옮겨야 성공한다. 우리가 해야 할 중요한 일이란 먼 곳에 있는 희미한 것을 보는 것이 아니라, 명확하게 보이는 자신 가까이에 있는 것을 바로 실행하는 일이다.(영국의사 윌리엄 오슬러 경, 존스 홉킨스 의과대학 창립자)

자기 일에 전력투구(全力投球)하라

웅대한 목표는 막연하게 원한다고 이루어지는 것이 아니다. 간절한 바람이 마음속 깊은 곳에 도달할 정도가 되어야 한다. 또한 목표를 달성할 수 있다고 믿어야 한다. 목표를 간절하게 마음에 새기면 그 생각이 우리의 잠재의식에 침투하고 이것이 강력한 에너지로 변한다. 옛 선현들은 전력투구의 중요성을 시조 한수로 우리에게 교훈으로 남겼다. "태산이 높다하되 하늘 아래 뫼이로다(泰山雖高是亦山), 오르고 또 오르면 못 오를리 없건마는(登登不已有何難), 사람이 제 아니 오르고 뫼만 높다하더라(世人不肯勞身力).〈조선시대 양사언(陽士彦) 지음〉

목표를 확실하게 세웠으면 그대로 밀고 나가라. 곁눈 짓 하지 마라. 과속하거나 게으름 피우지 말고 언제나 자신의 페이스를 유지하라. 시간의 밀도를 높여라. 매 순간을 인생의 마지막인 것처럼 최대한 충만하게 살아라. 완벽할 때까지 최선을 다해 일하라.

2012년 12월 런던 올림픽 레슬링 그레코로만형 66킬로그램 급 결승전, 퍼렇게 부어 감긴 눈으로 헝가리 선수를 꺾고 금메달을 딴 김현우(24, 삼성생명)선수는 수상소감 인터뷰에서 "죽기 살기가 아니라 '죽기'로 각오하고 싸웠습니다." "올림픽을 준비하면서 나보다 땀을 많이 흘린 선수는 없을 것"이라고 말했다. 바로 죽을 힘을 다하면 살고, 살려고 하면 죽는다는 이순신 장군의 死卽 生, 生卽 死의 철학을 실천에 옮긴 것이다.

2016년 8월 15일 브라질 리우올림픽 레슬링 경기장, 런던 올림픽에 이어 또다시 레슬링 한국대표 선수로 참석한 김현우(당시 28)는 레슬링 그레코로만형 75kg급 동메달 결정전에 나섰다. 부상당한 오른팔은 움직이기도 어려웠다. 16강전에서 석연찮은 판정으로 패한 데 대한 분한 마음도 있었다. 광복절인 15일 그는 크로아티아의 보소 스타르세비치를 맞아 옆 굴리기를 당하지 않으려고 버티다가 오른팔에 부상을 당했다. 그럼에도 악착같이 6대 4의 역전승리를 거뒀다. 오른팔 부상을 이기고 한 손으로 들어 올린 동메달이었다. 그는 승리한 후 매트에 대형 태극기를 깔고 큰절을 했다. TV 현장 중계를 시청하던 온 국민은 그의 놀라운 투혼에 감격해서 찬사를 보냈다. 양손으로 태극기를 움켜잡은 그는 눈물을 쏟느라 한동안 일어서지 못했다. 그는 "내 노력 부족 이었다"며 "앞으로 더 힘을 낼 것"이라고 말했다. 경기 후 기자회견에서 그는 "엑스레이를 찍어보니 인대 쪽이 손상된 것 같다"며 "영광의 상처로 생각하겠다"는 말을 남기고 자리를 떴다.

야구, 야구, 야구밖에 모르는 '야구 바보' 김성근 감독. 그는 프로야구 원년부터 31년간 더그아웃을 지키고 있는 전설적인 현역 야구 감독이다. 별명은 野神. 그는 평소 혼자 밥 먹고 밤새 타선을 짜고 쉴 새 없이 메모하고 화장실 갈 때에도 책을 들고 간다. 변기에 앉아서 야구, 경영, 역사서를 섭렵하다 치질에 걸리기도 했다. 야구장에 가면 하늘에 부는 바람까지 체크해서 외야수 위치를 조정한다. 그는 하루 빠짐없이 1-2시간 걷는다. 야구를 오래 하기 위해서다. 1년에 2번 집에 들어간 해도 있었다. 부인은 어떻게 견뎠을까?. "교회 가셨죠."(아들 김정준의 말)

그는 2014년 10월 29일 72세의 나이로 한국야구 사상 최고령으로 한화감독에 취임했다.

다섯 번의 올림픽출전, 우리 뒤엔 늘 핸드볼 골키퍼 마흔넷 오영란(44)이 있었다. 2016년 브라질 리우올림픽 핸드볼 경기장에서 종료 휘슬이 울리자 '왕언니' 오영란은 하염없이 흐르는 눈물을 참지 못했다. 끝내 막을 내란 그녀의 마지막 도전, 그의 머릿속에 지난 20년간 국가대표로 활약하며 겪었던 환희와 좌절의 순간이 주마등처럼 스쳐 지나갔을 것이다. 그녀는 올림픽 핸드볼 선수 중 최고령자라는 신기록을 남겼다. 여자 핸드볼 대표팀이 15일 조별 예선 마지막 경기에서 아르헨티나를 28대 22로 꺾었다. 그러나 1무 3패로 8강 진출이 좌절되었다. 마지막 우생순(우리 생애 최고의 순간)의 멤버인 오영란과 우선희(38)의 도전도 아쉬움으로 막을 내렸다. 두 아이의 어머니인 오영란은 8년 만에 대표 팀에 복귀했고 작년 11월 출산한 우선희도 2년 만에 다시 태극마크를 달았다. 해병대 극기 훈련에 참가하고 강도 높은 훈련을 소화할 수 있었던 것은 자랑스러운 여자 핸드볼 역사를 지키겠다는 일념 때문이었다. 오영란은 올림픽 핸드볼 선수 중 최고령자라는 신기록을 남겼다. 한국여자 핸드볼은 올림픽 사상 전 세계를 통틀어 가장 많은 메달(6개 금2, 은3, 동1)을 딴 유일한 나라가 한국이다.

조선일보 대중문화부 차장 한현우 기자는 2002년 11월 예술의전당 오페라극장 공연을 앞두고 조용필과 인터뷰를 했다. 그때가 그들 둘의 첫 만남이었다. 한 음식점에서 오후 7시에 시작한 조용필과의 인터뷰는 그의 집으로 옮겨 새벽 3시까지 이어졌다. 8시간 인터뷰를 하는 동안 기자가 가장 놀란 것은 조용필이 오로지 음악 얘기만 한다는 것이었다. 그의 머리 속에는 음악 한 가지밖에 없는 것 같았다고 털어놓았다. 그날 이후 한 기자는 조용필을 존경하게 되었고 그의 음반을 모두 구해 듣기 시작했다고 말했다. 더 놀라운 것은 11년째 그를 만나고 있으나 조용필은 줄기차게 음악, 음악, 음악얘기만 한다는 것이다. 조용필과 20년째 활동하고 있는 '위대한 탄생'의 기타리스트 최희선은 "이제 됐어! 라고 말하는 법이 없어요. 고치고, 고치고, 또 고치다가 시간에 쫓겨서 발표하는 게 조용필의 음반이고 공연이에요. 공연 막이 올라 가는데 곡목을 바꾼 적도 있다"고 털어놓았다. 조용필의 음반 5집부터 9집까지 함께 활동한 베이시스트 송홍섭은 조용필을 평하면서 "매 순간 목숨 거는 사람"이라고 표현했다.

10월 30일은 417년 전인 1597년 李舜臣 장군이 명량대첩(鳴梁大捷)을 거둔 날이다. 전남 해남과 진도 사이의 명량해협에서 일본 수군 133척의 대함대인 반면 조선수군은 겨우 12척, 이순신장군은 명량해전을 하루 앞두고 이렇게 훈시했다. "병법에 이르기를 반드시 죽기를 각오하고 싸우면 살고, 살고자 하면 죽는다(必死則生 必生則死)"고 말했다. 이어 그는 한 사람이 길목을 잘 지키면 천명도 당할 수 있다는 말도 있다. 지금 우리의 형세가 이와 같다. 제장이 조금이라도 군령을 어기면 군율대로 시행할 것이니 작은 잘못도 용서치 않을 것이다. 이 해전에서 이순신은 악전고투 끝에 적의 대장선을 비롯해 일본 함대 31척을 격파하니 나머지는 먼바다로 도망하고 말았다. 이 기적 같은 대첩으로 정유재란(丁酉再亂)은 새 전기를 맞았다. 명량해협의 지형과 조류 등을 이용한 이순신의 탁월한 전략전술과 죽기를 각오하고 스스로 선봉장이 되어 포위된 채 승기를 잡을 때까지 싸우지 않았더라면 전세는 이미 초전에 기울어져 버렸을 것이다. 명량해전의 승리로 이순신의 출중한 리더십이 세계 해전 사에 신기록을 남기게 된 것이다.

타고난 미모에 남다른 성실함과 근성으로 세계 최정상 아메리칸발레시어터(ABT)의 수석무용수가 된 자랑스러운 한국인 서희는 성공하기까지 '죽도록 피나도록' 연습에 매달렸다. 그녀는 긴 팔과 다리, 긴 목 등 타고난 외모도 뛰어나지만 오늘의 서희를 만든 것은 '남다른 근성' 때문이란다. 어릴 때부터 눈빛부터 달랐다. 그녀는 15세에 한 무용전문잡지의 사진 모델로 뽑혔다. 어른도 지쳐 나가떨어질 정도로 반복되는 촬영이었으나 어린 서희는 "잘 나올 때까지 하겠다"고 자청해 촬영 현장을 보고 있던 사람들이 모두 혀를 내둘렀다고 한다.

해변가 횟집 어창에 갇혀있는 정어리들은 기진맥진하기 마련이다. 그런데 어느 가게의 어창에는 유난히 싱싱하게 살아 움직이는 정어리들을 발견할 수 있었다. 놀랍게도 그 어창에는 사납고 공격적인 큰 물고기 한 마리가 정어리들과 함께 있었다. 주인이 정어리들을 살리기 위해 일부러 정어리의 천적을 한 마리 넣어둔 것이었다. 그랬더니 정어리들은 천적인 큰 물고기에게 잡아먹히지 않으려고 항상 긴장, 경계하면서 방어본능을 발휘한다는 것이다. 정어리들은 생존에 대한 본능으로 필사적으로 헤엄치고 도망 다녔기 때문에 건강을 유지, 싱싱하게 살아남을 수 있게 되었다고 한다.

젊은이들이 처음으로 직장에 입사할 때는 학연, 지연을 동원하면 보직이나 승진에 도움을 받을 수 있다. 그러나 입사 후 치열한 경쟁이 벌어지는 직장에서의 출세 여부는 자신의 열정과 성실성이 좌우한다. 출세를 원한다면 여러분들은 '동료보다 5분 일찍 출근해서 5분 늦게 퇴근하라. 자기 일에 전력투구하라!. 목숨을 내주어도 좋을 만큼 간절한 마음과 자세로 일하라. 이렇게 일하면 못 이룰 소망이 없다. 이런 자세로 10년만 해보라. 그러면 반드시 성공한다.

절대로 포기하지 말자

좌절과 고난 속에서도 희망을 잃지 말아야 하고. 아무리 어려운 때를 만나도 꿈을 포기해서는 안 된다.

미 대륙의 원주민인 아메리카 인디언 호피족은 가뭄이 들면 그때마다 반드시 기우제를 지내 끝내 비를 내리게 한다고 한다. 기적에 가까운 일을 해내는 그 놀라운 비결은 과연 무엇일까? 놀랍게도 그 비결은 너무나 간단하다. 오직 한 가지, 비가 내릴 때까지 기우제를 멈추지 않기 때문이란다. 호피 인디언의 이런 '긍정의 힘'을 이용해서 절망적인 곤경에 처해도 좌절하지 않고 성공한 사람들이 있다. 그 주인공들은 바로 톨스토이, 슈바이처, 피카소, 처칠 등 역사 속의 위인들과 미국 월마트 창업자 샘 월튼까지 이들은 모두가 인디언 기우제의 정신에 충실했던 사람들이다.

우유 통에 함께 빠진 개구리 두 마리 얘기는 우리에게 값진 교훈을 던져주고 있다. 우유를 먹기 위해 통 위를 맴돌다 그만 통에 빠져버렸는데, 빠진 개구리 두 마리 중에서 한 마리는 절망 중에도 살기 위해 잠시도 쉬지 않고 우유 통에서 뛰고 또 뛰었다. 계속 뛰는 동안 시간이 지나면서 우유는 결국 버터가 되고 말았다. 이 개구리는 액체가 아닌 딱딱한 고체가 된 버터를 딛고 뛰어올라 통에서 탈출하는 데 성공해서 살아났다. 다른 한 마리는 처음부터 이제는 죽었다고 체념하고 모든 것을 포기한 체 그냥 헤엄을 몇 번 치다가 그대로 우유에 빠져 죽고 말았다.

영국 역사 상 총리 중에서 가장 위대한 정치가로 평가받고 있는 윈스턴 처칠이 재임 중 명문 옥스퍼드 대 졸업식장에 나타났다. 그는 축사를 하려고 단상으로 올라갔다. 대학교 총장을 비롯한 교직원과 학생들, 학부모들이 조용히 처칠에게 시선을 보냈다. 그는 졸업생들에게 축하한다는 말 한마디 없이 대뜸 "Don't give up!"(포기하지 말라.)라고 외쳤다. 그리고 바로 "Never give up!"(결코 포기하지 말라.)고 말했다. 이어서 "Don't you ever and ever give up!"(언제까지라도 포기하지 말라.)고 말했다. 이 세 마디 말만 하고 처칠은 연단을 내려왔다. 그러나 이 짧은 축사에 참석자들은 처칠에게 오랫동안 우뢰와 같은 기립박수를 보냈다.

중국의 등소평, 부도옹(不倒翁)이란 별명을 가지고 있었다. 150cm 난쟁이 수준의 키를 가진 그는 한때 중국공산당에서 숙청되어 티베트 변방으로 하방되었다. 그는 그곳에서 말똥을 치우는 비참한 마부 생활을 하면서도 쓰러지지 않고 끝까지 살아남아 결국 다시 재기, 중국 최고지도자의 지위에까지 올라 1978년 중국의 개혁개방정책을 전개, 중국을 오늘날 미국과 함께 G2의 반열에 올려놓는 데 성공한 주인공이다.

손대는 광산마다 금맥을 터트리며 돈방석에 올라앉은 한 광산업자에게 사람들이 그만의 성공비결이 무엇인지 물었다. "비결이요? 간단합니다." "저는 다른 사람들이 포기한 곳(광맥)을 좀 더 파들어간 것뿐입니다."라고 대답했다. 듣고 보니 그 비결은 너무나 평범한 진리였다. 물도 섭씨 98도에서도 99도에서도 끓지 않는다. 물은 100도에 도달해야 끓기 시작한다. 물을 끓이는데 1도만 더 높이면 되는데 사람들은 성공을 눈앞에 둔 98도, 99도까지 와서 포기하는 경우가 많다. 성공한 사람은 바로 이 마지막 1도를 높이는 사람이다. 성공하는 사람들은 아주 작은 차이인 1%가 다른 실패한 사람들과 다를 뿐이다.

세계물리학계의 거목 아인슈타인은 물리학의 상대성원리를 어떻게 발견했느냐는 질문을 받고 이렇게 답변했다. "몇 달이고 몇 년이고 생각하고 또 생각했습니다. 그러다 보니 99번은 틀리고 100번째 이르러서야 비로소 맞는 답을 찾아냈습니다."라고 대답했다고 한다.

세기의 음악가 독일의 베토벤은 작품 한 곡을 창작하는데 최소한 12번 이상 악보를 고쳐가면서 작곡을 했고 화가, 조각가로 세계 미술사에 희대의 걸작을 남긴 중세 이탈리아 레오나르도 다 빈치가 바티칸 시티성당에 그린 벽화 작품, 최후의 만찬을 완성하는데 10년을, 한국의 소설가 박경리는 대하소설 토지를 집필하는 데 무려 26년이란 세월을 투자했다.

성경을 보면 대저 의인은 일곱 번 넘어질지라도 다시 일어나려니와 악인은 재앙으로 인하여 엎드러지느니라.(잠언 24장 16절)라고 말하고 있다.

성공은 살아남은 자의 것이다. 인생에서 기회는 버티고 견디며 살아남은 사람들에게 돌아온다.

실패의 85%는 진짜로 실패해서 실패한 것이 아니라 목표를 향해 일해 나가다가 도중에 포기하기 때문에 실패하는 것이다. 아무리 긴 터널이라도 끝은 반드시 있다. 하지만 그 터널은 어둠을 헤치고 묵묵히 앞으로 나아가는 자에게만 끝에 도착하는 것을 허락받게 된다.

"어리석은 자가 산을 옮긴다"(愚公移山)라는 고사성어(故事成語)는 일을 끝까지 밀고 나가면 언젠가는 목적을 달성할 수 있다는 말이다. 인생의 가장 큰 영광은 결코 넘어지지 않는 데 있는 것이 아니라 넘어질 때마다 일어서는 데 있다.

눈물 없이 피는 꽃이 어디 있습니까?. 상처 없는 삶이 어디 있습니까?. 상처가 아물기 전에 생기는 또 다른 생채기를 통하여 행복한 삶, 즐거운 삶, 아름다운 삶이 피어나는 것이다. 상처 속에 피어나는 삶 그게 바로 빛나는 삶이다.

우리일상 생활에서 '사소함'에서 "깨진 유리창의 법칙"을 잊어서는 안 된다.

하찮은 작은 것도 소홀히 하면 큰일이 일어나는 원인이 된다. 어린아이들이 놀면서 장난으로 던진 돌팔매질로 깨진 유리창을 집 마당 한구석이나 길가에 그대로 방치해놓으면 어떤 일이 발생할까?. 놀랍게도 현장을 지나가던 사람마다 가지고 있던 쓰레기를 그곳에 버린다. 순식간에 그 주변은 쓰레기장으로 변하고 만다. 작은 깨진 유리창 몇 조각이 주위 환경을 무법천지를 만들 수 있다는 것이다. 이는 사소해 보이는 작은 것을 경시(우습게 알면)하면 더 큰 문제를 유발할 수 있음을 시사해주는 무서운 경고의 말이다.(리틀 빅씽, 톰 피터스 지음의 '사소함'에서)

시련을 통해 인간은 현명하게 된다

실패는 성공의 어머니(시련)이다.

흑인 노예해방과 게티스버그의 명연설, '국민의, 국민에 의한, 국민을 위한 정부'라는 연설로 유명한 미국의 16대 대통령 아브라함 링컨은 1832년 주 의회의원 선거에서 낙선한 것을 스타트로 사업 실패, 약혼자의 사망, 신경쇠약으로 정신병원에 입원, 주의회의장 선거 낙선, 하원의원 낙선, 상원의원 낙선, 연속되는 정계 진출을 위한 출마에서의 실패 등 그의 인생 여정은 파란만장한 실패의 연속이었다. 그러나 그는 끝까지 그의 꿈을 포기하지 않았다. 그는 모든 실패를 거듭하면서도 또다시 정계에 도전, 마침내 27번째 도전 끝에, 1860년 대통령 선거에서 미국 대통령에 당선되었다. 이런 참담한 시련을 거쳐 마침내 성공했기에 그는 지금도 미국 국민들로부터 가장 존경받는 대통령 중 한 사람이 된 것이다.

현재 세계시장을 주름잡고 있는 미국 햄버거의 상징 KFC의 창업자 커넬 샌더스는 65세의 나이에 자신이 경영하던 회사가 부도나자 그 충격으로 정신병원에 입원했다. 그 후 끈질긴 투병 끝에 건강을 회복한 그는 프라이드치킨 사업을 시작하려고 전국을 누비며 투자자를 찾아 나섰다. 그러나 무려 1,111명의 투자자를 만나 투자를 권유했으나 모두 거절당하고 1,112번째 투자자를 만나 그 돈으로 마침내 창업을 할 수 있었다. 이 마지막 한 번의 만남을 포기하고 주저앉자 버렸다면 그의 운명은 과연 어떻게 되었을까?.

미국 유력 일간지 시카고 트리뷴은 2010년 11월 25일자 기사에서 지난 5월 한국 사회에 큰 화제가 되었던 69세의 나이에 자동차 운전면허시험에 합격한 차 사순(69) 할머니를 해외특집 기사로 소개하면서 '도전의 귀감'이라고 극찬했다. 전북 완주에 사는 차 할머니는 2005년 4월부터 950차례 2종자동차 면허 필기시험과 10여 차례의 기능시험에서 고배를 마셨다. 그러나 끈질긴 도전 끝에 차 할머니는 2010년 5월 운전면허증을 손에 넣는 데 성공, 당시 세간의 화재가 되었다. 트리뷴은 이날 그녀의 도전정신을 강조하는 '960번'이라는 제목의 사설에서 이례적으로 차 할머니의 사진을 싣고 차 할머니는 현대 부모들이 자녀들에게 기억시켜야 주어야 할 '집념과 끈기의 귀감'이라고 논평했다. 기사 말미에 "할머니는 자신이 도전을 즐긴다"는 발언까지 덧붙였다.

독일 속담에, "시련을 통해 인간은 현명하게 된다"는 유명한 말이 있다.

산봉우리와 골짜기가 서로 연결된 것처럼 인생도 오르막과 내리막이 서로 연결돼 있으며, 오늘의 시련을 슬기롭게 대처하면 내일의 행복을 창조할 수 있다. 시련에 감사하라. 아픔을 통하여 완성의 길을 찾게 된다. 힘들면 감사하라. 어려움은 극기력 향상의 훌륭한 스승이다.

내 형제들아 너희가 여러 가지 시험을 만나거든 온전히 기쁘게 여기라. 이는 너희 믿음의 시련이 인내를 만들어 내는 줄 너희가 알아야. 인내를 온전히 이루라. 이는 너희로 온전하고 구비하여 조금도 부족함이 없게 하려 함이라.(성경, 야고보서 1장 1절-4절)

메이저리그의 전설인 홈런왕 베이브 루스. 그는 메이저리그 사상 최다 삼진아웃을 당한 선수였다. 빛이 있으면 그 뒷면에는 그늘이 있기 마련이다.

세계적이 테너 엔리코 카루소는 젊은 시절 음악공부를 시작할 때 고음처리가 안 된다는 이유로 성악 선생님으로부터 성악을 포기하라는 권유를 받았던 인물이었다.

세계적인 과학자 아인슈타인은 학창시절 수학시험에서 번번이 낙제점을 받았고, 40세에 사업으로 파산했던 나중에 헨리 포드는 세계적인 자동차 회사 포드의 설립자가 되었다.

금융계의 성공사례로 평가받고 있는 이순우 회장은 젊은 시절 당시 지방에서 이른바 명문으로 평가받고 있던 고등학교 고입시험, 연이어 대입시험 그리고 사법시험에도 도전했으나 줄곧 낙방했다, 그래서 결국 대구고와 성균관대를 졸업하고 1977년에 들어간 첫 직장이 상업은행이었다. 거기서 영업의 달인이라는 별명을 들으며 승승장구 드디어 마지막에는 우리금융지주회사의 회장이 되었다. 그래서 금융계에서는 이순우를 실패의 달인이라고 평가를 받기도 했다. 그는 어디서나 자신 있게 말한다. "실패는 누구나 할 수 있다"고. 그는 실패를 성공으로 이어지는 한 과정이라 생각하고 열정을 가지고 도전하는 사람이 있는 반면 실패를 포기로 생각하고 도전하지 않는 사람도 있다고 말하면서 만약 내가 거듭된 실패에 좌절하고 주저앉아 버렸다면, 나는 지금 평범한 월급쟁이가 되었을 것이라고 회상한다. 그는 어려서부터 실패를 많이 경험했다.

그래서인지 그는 실패를 무서워하지 않는 사람이 되었다. 나는 실패가 두려워서 멈춰서거나 움츠려 들지 않았다. 그는 당당하게 "실패는 내가 가진 최대의 자산"이라고 주장한다.

대구 능인고등학교 시절 전교 수석을 다투던 수재 남구현은 고3때인 19787년 외환위기의 여파로 아버지의 회사가 부도가 나 파산하고 말았다. 갑자기 집안형편이 기울어져 버리자 그는 대학진학을 포기하고 1999년 인천 남동공단의 레미콘 공장에서 용접봉과 빗자루를 들고 바닥 일을 하는 것으로 첫 직장생활을 시작했다. 그러던 그가 직장에서 모은 돈으로 26세에 미국으로 건너갔다. 미국에서 비로소 대학생활을 시작, 대리운전을 하며 학비를 벌고 지쳐 쓰러질 때까지 공부에 몰두했다. 대학시절 그가 읽은 논문만 1,000편이 넘었다, 얼마나 열심히 공부하고 연구했는지 그가 첫 작품으로 내놓은 논문이 세계 최고의 과학 잡지인 네이처지(誌)에 표지논문으로 선정, 게재되는 영광을 누리게 되었다. 그는 각고의 노력 끝에 반도체 균열 제어 원리를 발견해낸 것이다. 이 원리는 초정밀 바이오칩을 만들 수 있는 획기적 기술로 평가를 받았다. 그 주인공이 바로 현재는 이화여대 특임교수로 활동하고 있는 남구현 박사이다.

우리나라 아웃웨어 분야를 주릅잡고 있는 윤윤수(67) 글로벌 휠라 회장이 지난 2012년 서울대 졸업식에서 서울대 출신이 아닌 사람으로는 처음으로 대학 당국의 초청으로 졸업생들을 대상으로 축사를 했다. 그는 등단하자마자 "졸업생 여러분! 많은 실패를 경험

하십시오."라고 첫마디를 던졌다. 그리고 그는 시련의 연속이었던 젊은 시절을 차례로 회상해 나갔다. 저는 서울대 의대입시에 3번 낙방했습니다. 때문에 어릴 때부터 마음먹었던 의사가 되는 꿈을 접었고, 한국외국어대 재학 중 외교관이 되려고 외무고시에 도전했으나 또다시 실패하는 등 반복된 실패로 젊은 시절 제 인생에는 장사(사업) 이외에는 선택지가 거의 없었습니다. 하지만 되돌아 생각해보면 그 실패가 저의 인생을 한 단계 끌어 올리는 원동력이 됐지요. '실패를 두려워하지 말라'고 강조하면서 그는 고백했다. 나는 숱한 실패를 통해 겸손을. 어려운 가정환경에서 자랐기 때문에 인내심과 근성을 배웠다고 털어놓아 사회에 첫발을 내딛는 졸업생들의 심금을 울렸다.

'유니클로'를 세계적인 의류브랜드로 키운 일본의 야나이 다다시(柳井正, 63세) 패스트 리테일링사 회장은 자신의 인생을 '9패 1승'이라고 말한다. 그의 인생은 이처럼 실패가 많았지만 그는 실패를 자양분 삼아 끊임없이 도전한 것이 성공의 비결이라고 털어놓았다. 그는 일본에 진출한 맥도널드가 햄버거로 수천억 원의 매출을 올리는 것을 보고 의류 판매의 가능성을 깨달았다. 햄버거로도 돈을 버는데 의류라면 더 큰 성공을 할 수 있을 것이라고 확신했다. 그리고 1982년 히로시마에 유니클로 1호점을 오픈했다. 한때 주거래은행 지점장과의 불화로 자금을 회수당하는 등 숱한 역경을 뚫고 회사를 세계적인 기업으로 성공시킨 그는 창업에서 성공하기까지 성공담을 엮은 '1승 9패'라는 자서전도 내놓았다.

2014년 6월 미국 식품의약국의 신약 승인을 받은 항생제 '시벡스트로' 개발주역인 동아ST 박찬일 사장은 "2000종의 새로운 물질을 일일이 만든 뒤 시험에서 실패하고, 또 시험에 실패하고, 딱 하나가 성공한 것"이라고 말했다. 신약 후보물질 하나를 만드는 데 3개월이 걸린다고 하니 2000종을 시험하는 데 소요시간은 엄청날 것이다. 우리나라 제약사가 미국 FDA승인을 받은 것은 이번 시벡스트로와 2003년 LG생명과학의 항생제 '팩티브' 단 두 개뿐이다.

2014년 6월 4일 전국에서 치러진 지방선거에서 이색 당선자가 여러 명 나왔다. 그 대표적인 인물이 전북 익산에선 '11전 12기'만에 드디어 시장에 당선된 박경철(58, 무소속) 시장이다. 그는 26년 전인 1988년 32세에 익산에서 처음으로 국회의원에 출마해서 낙선한 것을 스타트로 국회의원 선거 6번, 시장선거에서 5번이나 떨어진 후 12번 만에 정치의 꿈을 실현하는 데 성공했다.

KBS 2TV 개그콘서트의 '달인' 프로에서 명성을 날리고 있는 코미디언 김병만(36)은 전북 완주의 가난한 산골 소년이었다. 그가 개그맨으로 성공하기까지 그가 겪었던 수많은 도전과 실패는 우리에게 큰 교훈을 던져주고 있다. 외형상으로 작은 키에 연기인에게 치명타인 대사 울렁증까지 있는 데다, 심한 전라도 사투리 때문에 방송국 개그맨 공채시험 7번이나 떨어졌다. 그는 이에 앞서 대학입시에도 6번 연속으로 낙방했지만 그는 결코 포기하지 않고 끝까지 도전해서 대학에 들어가고 마침내 방송계에 진출하는 데 성공, 현재 우리나라 개그계의 정상을 향유하고 있다.

1968년 '무정한 그대'로 가요계에 데뷔, 음악 인생 40년 만에 국민가수로 올라선 현철도 입지전적 인물이다. 그의 말대로 주로 부산 바닥에서 헤매던 무명시절인 1974년도에는 한 해 동안에 무려 13번이나 이사를 했다. 주로 월세 1만-2만 원짜리 단칸방을 전전했다. 친구 집에서 셋방을 살면서 봉지쌀을 사다먹었고 연탄을 낱장으로 사다가 추위를 달래기도 했다. 마지막 이사할 때에는 철거민 딱지를 사서 12평짜리 단독 주택을 구입, 거기서 살다가 서울로 이사했다. 무명가수 20년 생활에 지쳐 가요계를 떠나기로 결심하고 가요계 마지막 곡으로 고생한 아내에게 바치는 노래를 만들었다. 그것이 '앉으나 서나 당신 생각'이었다. 뜻밖에도 그 노래가 1985년도에 그의 출세곡이 되었다. 그 후 '사랑은 나비인가 봐', '내 마음 별과 같이' 등이 연이어 히트하면서 1988년부터 3년 연속 KBS가요대상과 MBC 10대 가수상을 수상하는 등 결국 스타덤에 올라서는데 성공했다.

2014년 7.30 국회의원 재보선 선거에서 전남 순천-곡성에 출마한 새누리당 이정현 후보가 한국정치사에 기록 될 대이변을 일으켰다. 박근혜 대통령의 최측근인 이 후보는 30일 개표결과 득표율 49.4%를 기록, 40.3%에 그친 새정련 서갑원 후보를 누루고 당선됐다. 집권보수여당인 새누리당은 1996년 15대 총선 전북 군산에서 당선된 강현욱 전 신한국당의원 이래 18년 만에 호남에서 처음으로 의석을 확보하는 데 성공했다. 이 당선자는 1995년부터 2014년까지 19년에 걸쳐 네 차례 야당의 텃밭인 호남에서 여당인 새누리당 간판을 달고 국회의원에 도전한 끝에 기적 같은 꿈을 이루어내는데 성공했다. 그는 1995년 1회 지방선거에서 광주시 광산구에서 구청장후보로, 2004년 17대 총선 때는 광주 서구 을, 2012년 19대 총선에서는 광주 서구 을에서 차례로 국회의원에 도전했으나 모두 실패했다. 지난 17대 총선에서는 득표율 1,03%로 겨우 720표를 얻는데 그쳤지만, 19대 총선에서는 40%에 가까운 득표율을 올렸다. 박근혜 대통령의 최측근인 이 당선자는 2008년 18대 총선에서 한나라당 비례대표로 처음으로 국회의원이 되었고 그 후 박대통령 집권 후 청와대 정무수석, 홍보수석으로 승승장구하다 이번에 당선 가능성이 거의 없는 호남에서 출마해 당선되는 기적을 창조해냈다.

희망을 잃으면 모든 것을 잃는다

세계2차 대전에 참전했던 미국 해군 병사 한 명이 있었다. 그는 군에서 제대하자마자 그날 부모에게 바로 전화를 걸었다. "어머니, 제 친구가 전장에서 심하게 부상을 당했어요. 다리가 하나고 팔도 하나고 눈도 하나뿐이에요. 이 친구를 집에 데리고 가고 싶은데 같이 가도 되겠어요?"라고 물었다. 어머니는 잠시 생각하더니 주저하는 목소리로 "얘야, 물론이지. 데려와라. 너무 오래있는 것은 곤란하지만 며칠이야 괜찮지."라고 대답했다. 어머니 말에는 부상당한 친구가 너무 오래 집에 머물면 곤란하다는 뜻이 담겨있었다. 이틀 후 그 병사의 집에 한 통의 전보가 도착했다. 해군 제독이 보낸 전

보였는데 놀랍게도 군에서 갓 제대한 그날 그녀의 아들이 호텔 창문으로 뛰어내려 자살했다는 내용이었다. 며칠 후 아들의 시신이 집에 도착했다. 부모가 아들의 시체를 살펴보니 놀랍게도 눈, 팔, 다리가 모두 하나뿐이었다. 그 순간 어머니는 아들과 마지막으로 전화로 나눈 대화를 떠올렸다. 그리고 어머니는 울부짖었다. 이처럼 사람의 말 한마디가 사람을 살리기도 하고 주기기도 한다. 말은 때로는 정말 무서운 무기가 되기도 한다.

1차 세계대전 때 얘기다. 헝가리 육군 본대에서 파견된 수색분대가 작전 수행 중 알프스 산맥에서 조난을 당했다. 폭설과 한파가 겹친 탓에 실종된 지 며칠이 지나자 육군 본대는 이미 병사들이 다 죽었을 것이라는 판단 아래 수색대 수색을 포기하고 말았다. 그러데 꼭 4일째 되던 날 기적처럼 수색대 모두가 살아서 본대를 찾아온 것이다. 사상자 한 명 없이 모두 멀쩡한 상태였다. 놀란 상사들이 병사들에게 물었다. 그러자 분대장이 이렇게 대답했다. "저희도 눈 내린 산속에서 절망적이 됐죠. 그런데 분대원 중 한 명이 알프스 산맥 지도를 갖고 있었어요. 그래서 그걸 보고 걷고 또 걸으면서 살길을 찾을 수 있었습니다. 분대장의 설명을 듣고 그들을 사지에서 구해준 구세주 같은 지도를 건네받은 상사들이 지도를 보고 깜짝 놀라고 말았다. 그 문제의 지도는 그들이 조난당한 지역인 알프스 산맥 지도가 아니라 피레네 산맥(프랑스와 스페인 국경지대에 있는 산맥) 지도였다. 길을 잃고 절망한 수색대의 입장에서는 그 한 장의 지도야말로 희망의 다른 이름으로 작용한 원동력이 되어 기적을 창조해내었던 것이다.

희망에도 합리적 희망과 비합리적 희망이 있다. 스톡데일의 역설(Stockdale's Paradox)은 대표적인 합리적 희망을 대변하고 있다. 미국의 제임스 스톡데일 장군은 베트남전이 한창이던 1965년 월맹군의 포로가 되었다. 그 후 그는 무려 8년간 포로수용소 생활을 잘 견디고 살아남아 조국에 돌아왔다. 그는 종전 후 자신과 참전용사 동료들의 포로수용소 생활을 회고하던 자리에서 그는 흥미로운 사실을 하나 공개했다. 그것은 포로에서 곧 풀려날 것이라고 무조건 낙관하던 미군 동료들이 의외로 일찍 목숨을 잃었다는 점이다. 그 이유는 간단했다. 특별한 근거 없이 조만간 석방될 거라고만 믿었던 전쟁 포로들은 쉽게 또 자주 낙담할 수밖에 없었다. 그 결과 절망감에 빠져 스스로 목숨을 끊거나 건강을 해쳤다. 반면 석방될 것이라는 점은 믿어 의심치 않으면서도 석방 시기에 대해서는 조심스럽게 생각했던 자신과 동료들은 수용소 생활을 훨씬 더 잘 견뎌냈다. 스톡데일 장군은 월남에서의 자기의 체험사례를 통해 그는 희망도 단순한 희망과 합리적 희망을 구분할 것을 제의해 당시 심리학계와 미국 국민들의 주목을 받았다.

1982년 미국 보스턴의 한 병원에 뇌암에 걸린 소년이 누워있었다. 이름은 숀 버틀러, 나이는 일곱 살, 숀은 이미 의사로부터 '회생불가' 판정을 받았다. 야구광인 숀은 보스턴 레드삭스의 홈런타자 스테플턴의 열렬한 팬이었다. 어느 날 숀의 아버지는 스테플턴에게 편지 한 통을 보냈다. "내 아들이 지금 뇌암으로 죽어가고 있습니다. 당신의 열렬한 팬인 숀이 마지막으로 당신을 한 번 보기를 원합니다." 어느 날 스테플턴은 숀이 입원해 있는 병원을 방문했다. 그리고 숀에게 이렇게 말했다. "숀, 내일 너를 위해 멋진 홈런을 날려주마. 희망을 버리지 마라." 이튿날 스테플턴은 약속대로 홈런을 쳤다. 소년과의 약속을 지켰다. 그 뉴스는 즉각 숀에게 전달되었다. 그때부터 소녀의 병세는 회복기미를 보이기 시작했다. 5개월 후 기적처럼 암세포가 말끔히 사라져 숀은 퇴원할 수 있었다. 이같이 아주 작은 '희망'과 '기쁨'이 암세포를 죽이는 기적적인 명약이 된 것이다. 인간에게 가장 무서운 병균은 '절망'이라는 이름의 악성 종양이다.

"아무리 모진 인생도 희망을 잃지 않으면 새 삶이 오게 되어 있다." 자살 문턱에서 일어나 앨범 '잘 될 거야'를 낸 가수 서수남, 그는 나이 60 넘어 희망이란 무엇인지, 꿈이 어떤 것이지를 진정 알게 되었단다. 그것도 자살 문턱까지 가서 얻은 깨달음이라고 고백한다. '과수원길', '한번 만나줘요' 등으로 유명한 남성 듀오 서수남 하청일. 둘은 1990년까지 20여 년간 12장의 음반을 낼 정도로 인기를 누리며 활발하게 활동했다. 그러나 하청일은 1998년 외환위기 때 자기가 하던 사업이 부도가 나자 미국으로 건너가 소식을 끊었다. 서수남(67)은 그 무렵 29년간 금실 좋게 살아온 부인과 헤어졌다. 부동산, 증권 등 재테크를 하겠다던 부인이 사채업자에게 휘둘려 16억 원의 빚을 진 나머지 견디지 못하고 집을 나가버렸다. 이제 서수남 앞에 남은 것은 어둡고 긴 터널뿐이었다. 아파트 베란다에서 뛰어내릴 생각으로 꽉 차 있을 때 노모(94)가 이를 미리 간파하고 아들을 위로하고 달랬다. 노모의 간절한 바람에 정신을 차린 서수남은 이후 새로운 삶을 계획했다. 자신의 재기를 기다리는 노모의 애절한 모습과 유난히 아버지를 따르는 예쁜 딸 셋을 생각했다. 그래서 살아야 하겠다고 다짐했다. 그는 2002년 부인과 이혼한 지 5년여 만에 빚을 어느 정도 청산했다. 그는 결코 좌절하지 않고 용기를 내어 다시 일어섰다. 그는 말한다. 이제 남은 인생은 후배들을 아끼며 봉사하면서 보내겠다고.

기적이란 희망의 또 다른 이름과 다름없다. 몇 년 전 세계적인 뉴스가 되었던 칠레 매몰광부들의 생환기 얘기에서 나온 말이다. 광산의 낙반사고로 지하 갱 속에 묻힌지 69일간의 사투 끝에 영영 못 볼 건만 같았던 지구표면을 다시 밟은 33명의 칠레광부들이 이 사실을 입증해 보여준 진리였다. 천길 나락이나 다름없는 갱도에 갇힌 가운데서도 광부들은 한 가닥 희망이라는 끈을 놓지 않았다. 그들은 "살 수 있다"는 믿음을 현실로 만들기 위해 끈끈한 동료애를 발휘했다. 극한의 상황을 다잡고 33명의 '나'를 '우리'로 조율해낸 고참 지도자의 리더십도 빛났다. 2010년 8월 5일 오후 8시 반쯤 칠레 북부 산호세 광산에서 갑자기 갱도가 무너져 광부들은 700미터 땅 밑에 갇혔다. 구조의 손길이 언제 올지 기약할 수 없는 상황인데도, 밀폐된 공간 속에서 그들은 본능적 공포를 이겨내기 위해 싸워야 했다. 당시 그들에게 가장 치명적인 것은 생존에 필요한 물과 식량이 부족했던 것이다. 지하공간은 섭씨 35도에 이르는 고온에 습도가 90%를 오르내리는 극한의 세계였다. 그런 악조건 속에서도 광부들은 고참의 지휘하에 규율과 절제 있는 생활태도를 유지했다. 비상식량을 아끼기 위해 48시간마다 참치 두 숟갈과 우유 반 컵을 마시는 것으로 버티면서 구조대를 기다렸다. 최연장자 마리오 고메스(63)의 광부생활에서 터득한 경험과 축구코치경력이 있는 작업반장 루이스 우르수아(54)의 지휘로 기약 없는 지하생활은 계속되어갔다. 사고발생 17일째 구조대의 드릴 끝이 육중한 암반을 뚫고 갱도로 들어왔다. 그들은 즉시 쪽지에 메모를 매달아 올려보냈다. 전달한 메모의 내용은 "33명 전원 무사", 생존자가 있으리란 확률이 점차 희박해져 가던 무렵에 일어난 기적이었다. 구조 D-데이인 13일 광부들은 '희망'이라 이름 지어진(명명된) 캠프에서 내려보낸 구조용 캡슐 '페닉스(불사조)'를 타고 귀환했다. 절망적인 극한 상황에서도 희망을 잃지 않고 불사조가 되어 생환한 광부들에게 지구촌은 아낌없는 박수를 보냈다. 그 사고기간 사이에 태어난 매몰광부 에리얼 티모나의 딸에게는 '에스페란사'(희망이란 뜻)란 이름이 붙여졌다.

때가 올 때까지 기다려라,
인내심이 성공으로 이끄는 지름길이다

매미는 매미가 될 때까지 땅속에서 굼벵이로 3년에서 길게는 17년을 기다린다. 그리고 부화되어 매미로 일주일에서 한 달간 살다가 생을 마감한다. 일주일 동안 살기 위해 최대 17년을 인내하는 매미의 기다림의 미학을 배워야 한다.

자신이 지금 가고 있는 길이 맞는지 혼란스러울 때, 혹시 수많은 사람들이 이미 지나갔던 길을 그냥 밟고 있는 것은 아닌지 의심이 들 때가 있다. 핀란드 출신의 유명 사진작가 아르노 라파엘 밍킨넨이 말하는 '헬싱키 버스정류장 이론'을 들어보자.

그는 미술 대학을 떠나 자신의 스타일과 예술계에서 자신이 갈 경로를 선택하는 일이 헬싱키 버스터미널에서 버스를 타고 출발하는 일과 비슷하다는 것이다. 거기에는 대략 20개의 플랫폼이 있고 각 플랫폼마다 대략 10종의 버스가 있다. 미술 대학을 졸업한 야심만만한 어느 젊은이가 버스를 골라 오른다. 한 세 정거장쯤 지나서 (각 정류장은 그의 경력에서 1년을 의미한다) 그는 버스에서 내려 어느 갤러리로 들어가 자신의 작품을 보여 준다. 그걸 본 사람들은 "오, 아주 좋아요, 아주 좋아. 그런데 마틴 파가 좀 생각나네요." 하고 말한다. 그러면 그는 "으악!! 난 독창적이지 않아. 난 독특하지 않아!" 라며 잔뜩 의기소침해진다. 그래서 택시를 잡아타고 다시 버스터미널로 가서 다른 버스에 오른다. 그리고 당연히... 똑같은 일이 또 벌어진다.

밍키넨은 말한다. "당신이 해야 할 일은 그 뭣 같은 버스에 계속 남아있는 거야!"

03

자기가 하는 일이나 업무분야에서
최고의 전문가나, 권위자가 되라

자기 업무에 프로가 되라

이를 위해 자기 일에 전문가나 권위자가 되라, 그리고 진정 자기 업무에 프로가 되라. (SPECIALIZE, Become a specialist or authority in your business. Know your product. Be professional. Look professional. Act professional.Perform professional services.)

어느 한 분야에 전문가나 권위자가 되려면 선택과 집중의 원리를 적용해서 일을 해야 한다.즉 내가 좋아하고 잘하는 일(분야)을 선택해서 집중적으로 전력투구해야 전문가가 될 수 있다. 자신이 좋아하고 재미를 느끼는 일을 하다 보면 신바람이 나서 날이 세는 줄도 모른다. 시대가 급변하는 정보화 사회에서 내가 모든 것을 알 수는 없다. 모르면서 무모하게 덤비지 말고 내가 모르는 분야는 그

분야를 나보다 더 잘 아는 다른 사람들로부터 아웃소싱을 하면 쉽게 해결될 수 있다.

현재는 지식정보화시대이다. 때문에 자기의 일을 적당히 어설프게 알아도 먹고 살 수 있던 아마추어의 시대는 지났다. 자기 일에 정통한 프로만이 살아남는 시대이다. 모든 것을 다 안다고 자부하는 사람은 아무것도 모른다는 뜻과 통하는 시대이다. 그만큼 지식과 정보의 양이 넘쳐흐르는 복잡다기한 시대이다.

이제는 어설픈 아마추어가 아닌 프로처럼 보이고, 프로처럼 행동하고, 프로가 되어 고객들에게 프로 같은 서비스를 제공하라. 심지어 복장과 스타일 행동까지 자기 직업에서 전문가로 평가받을 수 있는 이미지를 간직해야 한다.

자기 분야에 세상이 공인하는 장인(匠人)이나 달인(達人)이 되어야 한다. 현재 우리는 자동차 한 대를 5분 안에 세차하기 위해 연구에 연구를 거듭해서 드디어 '생활의 달인'이 되고, 접시를 1초에 한 개씩 닦아내는 신공(神功)을 발휘해서 주위 사람들의 추천으로 TV 달인 프로에 출연하는 그런 프로가 되어야 생존할 수 있는 치열한 경쟁사회에 살고 있다.

자기 업무 분야에서 전문가나 권위자가 되기 위해서는 끊임없이 학습해야 한다. 대학이나 연구단체들이 주관하는 각종 교육프로그램이나 세미나 회의에 적극 참여해서. 자기 업무와 관련된 지식을 철저히 공부해두어야 한다. 자신의 업무와 직결된 분야에서 가장 최신 업데이트된 지식을 가져야 한다. 끊임없이 자신을 발전시키고 이노베이션 즉 혁신하여 자신이 가진 최고의 잠재능력을 끌어 내도록 해야 한다.

김주희는 우리가 다 아는 한국을 대표하는 여자프로권투선수다. 4체급 프로복싱 여자세계챔피언에 오른 그녀는 말한다. "복싱은 주먹이나 발로 하는 것이 아니고 '가슴'과 '머리'로 하는 것"이라고. 나를 프로무대에서 성공하게 길을 열어준 나의 복싱코치는 내가 복싱에 입문했을 때 나에게 처음부터 복싱은 가르치지도 않고 엉뚱한 기초교양교육, 정신교육만 시켰다. 삼국지를 수십 회 독파했고 독후감을 작성했으며 군의 전술, 전투교범을 공부시켰다. 그래서 공부한 내용을 암기할 수준에 이르렀다. 나중에 알게 된 사실이지만 세계 최고의 운동선수가 되려면 실전에서의 실기와 일반교양이 합쳐져야 비로써 가능한 경지라는 사실이다. 김주희 선수는 매일 기초체력단련을 위해 서울 근교 산 오르기를 반복했는데, 어떤 때는 너무 지처 기어 오른 적도 있었다고 고백한다. 격렬한 운동 때문에 발톱이 몇 차례 빠졌고 발가락을 부분적으로 잘라내는 수술을 받기도 했다. 그러나 그녀는 말한다. "나는 이렇게 험난한 운동을 하면서도 한 번도 부모나, 내가 처한 가난과 환경은 물론 누구도 원망해본 적이 없었다"고 털어 놓았다.

지식정보화시대의 지식근로자는 자기 업무에 관한 한 자기가 근무하는 직장의 상사보다 더 많이 알아야 한다. 자기 업무분야에 관한 한 상사보다 한 단계 높은 전문가(Specialist)나 권위자(Authority)가 되어야 어떠한 경우에도 직장에서 살아남을 수 있다.

독서를 통해 자신의 가치를 높여라

새로운 지식과 정보를 얻기 위해서는 독서에 시간을 투자해야 한다. 성공학 교과서는 주량(酒量)보다 독서량(讀書量)을 자랑하는 사람이 되라.(Read publications relating your business. Continue to learn. Attend educational sessions, conventions and seminars.)고 권고한다.

옷차림이나 매너에는 돈을 좀 들이면 되지만 스타일에서 가장 중요한 것은 '교양'이다. 독서를 통한 교양 없이는 절대 고위층과의 긴밀한 인적 관계를 유지하기 어렵다. "인맥"은 풍부한 교양이 서로 공유할 수 있을 때 발생한다. 독서가 주는 이익이 단순한 지식만이 아니다. 독서이면(讀書裏面)에 기다리고 있을 놀라운 고급인맥을 생각하라. 독서는 우리의 삶에서 산소와 같은 존재다.

독서로 탄탄히 닦아놓은 기본소양은 남이 보지 못하는 것을 볼 수 있게 하고 살면서 어떤 문제에 봉착했을 때 남이 찾지 못하는 해결책을 찾을 수 있게 해준다. 가보지 못한 길은 누구에게나 어둡고 두렵다. 하지만 믿고 의지할 무언가가 있다면 훨씬 수월하게 그 길을 걸을 수 있다. 그것이 바로 독서이다.

우리는 왜 책을 읽어야 하는가?. 먼저 간 인류의 위대한 스승을 만나기 위해서다. 독서는 간접경험을 우리에게 제공한다. 과연 우리는 독서를 통해 매일 스스로를 갈아서 쓰고 있느냐를 심각하게 생각해 보아야 한다. 매일 자기를 갈아 쓰는 사람들은 보다 신나는 삶을 살아갈 수 있다. 사회생활에서 개인 간에 독서로 인해 사회,

경제적인 격차가 발생되는 현상을 리딩 디바이드(Reading Divide)라는 말까지 나왔다. 때문에 우리는 독서를 통해 자신의 가치를 높여야 한다. 우리가 살고 있는 지금의 지식정보화사회에서는 지식이 자산이며, 지식자산은 바로 독서에서 나온다.

국가 발전의 첫걸음도 독서다. 독서는 사람을 지혜롭게 만들고 패배자를 승리자로 바꿔 놓는다. 책은 인생의 내비게이션이다. 광야에서 헤매는 우리에게 인생의 참 길을 쉽게 찾아준다. 북유럽의 핀란드는 세계 제일의 독서국가이다. 핀란드 사람들은 책을 많이 읽기도 하지만 그 내용을 이해하는 깊이와 폭이 넓고 깊다고 한다. 때문에 인구 250만 명인 핀란드는 1990년대 초반까지는 경제 불황과 사회 혼란으로 큰 어려움을 겪었는데 1994년부터 경제부흥이 일어서기 시작해서 지난 10년간에 눈부신 경제발전과 사회발전을 이룩하는 데 성공, 전 세계에서 가장 경쟁력이 높은 나라 중에 하나가 되었다.

국제화시대에 살아남기 위해서는 세계를 움직이는 두 강국 G-2(미국과 중국)의 언어인 영어(英語)와 중국어(中國語)를 학습해야 한다. 국제정치에서 두 나라의 영향력이 얼마나 큰지 영어와 중국어를 아는 것이 우리 인생을 일류(一流), 이류(二流) 인생으로 갈라놓는다는 이른바 English Divide, Chinese Divide라는 용어가 현재 세계인들에게 회자되고 있는 시대이다.

동시에 지식정보화시대에 살아남기 위해서는 빠른 학습(Rapid Learning)을, 100세 장수시대에 대비한 평생학습(Life Long Learning)을 동시에 생활화해야 하는 시대이기도 하다.

놀라울 정도로 빠르게 변하는 시대변화를 읽어라

경영자들은 자신들의 사업이 정체되면 이른바 뜨는 사업(Hot business) 분야로의 진출 유혹을 느낀다. 이런 분야로 진출하지 않으면 도태될 것 같은 강박감에 시달린다. 하지만 그럴수록 경영진은 '뜨거운 시장에서의 차가운 현실'(Cold facts in hot markets)이란 교훈을 명심할 필요가 있다. 지난 수십 년 동안 가장 지속적으로 성장해 온 세계적인 브랜드 나이키, 도요타 등은 이른바 첨단산업이 아닌 신발, 자동차처럼 성장이 이미 정체된 사업에서 성장을 이뤄왔다. 이 사례는 '성장은 뜨는 사업을 잡아야 한다'는 경제계의 통념과는 배치되는 것이다. 주목해야 할 사실은 기업들이 자신의 본업이 아닌 다른 사업으로 다각화함으로써 성공한 경우는 불과 20%도 되지 않는다는 사실을 잊지 말아야 한다. 기업 경영자는 자신의 본업이 현재 성숙단계의 사업일지라도 거기에서 성장기회를 살펴야 한다. 미국의 말보로(Malboro) 담배로 유명한 필립 모리스사는 흡연자들의 성향이 다 같지 않다는 점에 착안해서 성장의 기회를 잡았다. 건강을 걱정하는 흡연자들을 위해 일반 말보로 담배보다 니코틴과 타르 함량을 줄인 '말보로 라이트'를 출시했다. 결과는 대성공이었다. 나이키는 마이클 조던이라는 농구스타를 광고에 활용해 농구화 사업에서 성공을 거두고 이를 농구공과 농구 장비, 농구 의류분야로 확장해 성장을 지속하고 있다. 또한 나이키는 골프사업 분야에서 골프계의 톱스타 타이거 우즈를 광고모델로 내세워 골프화 사업에 진출했고 그 후 골프공과 골프 장비, 그리고 골프의류분야로 사업을 확대해 나가는 데 성공했다. 야구에 살고 야구에 죽는 사나이가 있다. 바로 허구연 KBS야구해설위원. 그는 대한민국 대표 야구해설가로 한국야구발전위원회 위원장(현대는 한국야구협회장)으로, 외부초청 강연에서 시간당 150만 원을 받는 인기 강사에, 광고 섭외 1순위를 달리는 스타로 자리 잡았다. 허 위원은 초등하교 5학년 때 야구를 시작했는데 뜻하지 않은 부상으로 선수생활을 접고, 31세 되던 1982년부터 본격적으로 야구해설가로 데뷔했다. 하지만 허 위원이 해설가로 진면목을 드러난 건 박찬호 선수의 메이저리그 입성과 이승엽의 일본 프로야구 진출 이후 외국 야구 중개방송이 늘어나면서 부터였다. 그는 국내 야구 마니아층이 탄탄한 외국야구 리그를 중개하는데 야구해설가로서의 풍부한 지식과 감칠 맛 나는 입담을 구사했기 때문에 스타덤에 올라선 것이다. 골프광이던 허 위원은 박찬호 경기중계를 시작했던 9년 전부터 골프채를 꺾었다. 사무실에 스크린 4개를 걸어두고 낮에는 한국야구, 밤에는 미국 야구를 체크(시청)해야 하기 때문에 단 하루도 골프장에 나갈 여유가 없었다. 방송국으로부터 매년 야구 해설료로 1억 원 이상을 받는다. 그는 야구해설을 하면서 단골대화 메뉴로 '참 프로정신'을 강조한다. 그라운드에 선 야구선수, 직장에서 책상에 앉아 있는 회사원, 돈을 벌려고 경쟁을 벌이는 기업도 모두 최종목표는 승리하는 것이다. 그는 이기려면 프로가 되라고 얘기한다, 그는 늘 일상대화에서 최선을 다해 한 분야에서 최고가 되면 돈과 명예는 당연히 따라온다고 주장한다.

1995년 26세에 오페라 '명성황후' 음악감독을 맡았던 카리스마 넘치는 여성, 박칼린은 한국 뮤지컬 1세대다. 박 감독은 오페라단 원 중에서 가장 먼저 출근해서 무대에 들어서고 가장 늦게 퇴근하는 그녀의 따스한 리더십에 단원들 모두가 감탄한다고 한다. 뮤지컬 황무지에서 오늘날의 한국 뮤지컬을 일궈낸 그녀에게 창작 과정에서 최고의 작품을 만들기 위해서는 적당한 타협은 있을 수 없었다. 그는 "틀리는 건 용납할 수 없다. 주인공이 연습에 들어가 일주일이 지났는데도 음과 가사를 못 외울 바엔 차라리 죽는 게 낫다고 생각해"라고 무섭게 질책한다. 그녀는 1967년 미국 LA에서 한국인 아버지와 리투아니아계 미국인 어머니 사이에서 3녀 중 막내로 태어났다. 캘리포니아 예술대학에서 첼로를 전공했고 서울대 대학원에서 국악명창 박동진에게 판소리를 사사했다. 명성황후에서 음악감독을 맡은 후 오페라의 유령, 사운드 오브 뮤직, 페임, 렌트, 미녀와 야수, 노틀담의 꼽추, 아이다 등 수많은 작품들을 지휘했다.

35년간 기업은행에서 일하다 최고 수장이 된 권선주 행장은 우리나라 금융역사상 114년 만에 탄생한 국내 첫 여성은행장이다. 1978년 여성 대졸 공채 1기로 입행한 권 행장은 휴일에 낮잠 한번 제대로 잔 기억이 없을 정도로 공부에 열중했다. "리더십에서 무엇보다 중요한 건 전문 분야에 대한 실력입니다. 이와 관련해 대학

시절 4년은 소중한 시기입니다. 말콤 글래드웰이 〈아웃라이어(Out liers)〉란 책에서 한 분야에 1만 시간을 투자하면 누구나 전문가가 될 수 있다고 했습니다. 분명한 목표의식을 가지고 자신의 꿈을 "하루 3시간씩만 투자해도 10년이면 1만 80시간이 돼요. 하루 3시간 아니라 6시간씩 전문분야를 정해놓고 시간을 투자한다면 5년, 대학 졸업 이전에 한 분야에서 전문가가 될 수 있다"고 강조한다.

앞으로 성공할 기업과 망할 기업을 가려내는 작업은 어렵지 않다. 어떤 기업이든 자기 본업에 충실하지 않고 딴짓을 하는 기업은 망할 가능성이 크다. 특히 최고경영자나 오너가 어느 날 잘해오던 가업(家業)을 갑자기 버리고 엉뚱한 사업에 크게 베팅하면 반드시 위기가 온다. 우리나라 재계에서 한 우물을 파서 성공한 대표적인 사례가 파리 바게뜨로 알려진 SPC그룹이다. 반대로 엉뚱한데 한눈 팔다 망한 불행한 사례가 한 때 100원짜리 크림빵으로 유명했던 삼립식품이다. 삼립식품 창업자는 큰아들에게는 삼립식품을, 둘째 아들에게 샤니를 물려주었다. 삼립식품을 맡은 큰아들은 빵 사업 대신 리조트사업에 크게 투자했고 결국 부도가 나고 말았다. 하지만 동생인 허영인 회장은 빵에 전력투구했다. 그는 폼나는 미국 대학 경영학과(MBA)를 포기하고 미국 제빵학교에 입학해서 빵과 과자 만드는 기술을 배웠다. 그리고 한발 더 나아가 미국 빵집에 사원으로 들어가 밑바닥부터 일을 배웠다. 그는 귀국 후 프랑스식 빵에서 영감을 얻어 파리그라상과 파리 바게뜨를 설립했다. 당시 태극당과 고려당이 장악하고 있던 한국 빵 시장에서 그는 돌풍을 일으켰다. 그는 미국제빵학교 시절 친했던 인맥을 통해 던킨 도너츠와 베스킨 라빈스 브랜드를 국내에 도입했고 파스쿠찌라는 커피브랜드도 만들었다. 그는 이렇게 말한다.

"곰탕집 주인이면 곰탕 만드는 데 미쳐야 한다. 콘텐츠를 외면하면 마케팅에 혹한 고객들이 한두 번 곰탕집을 찾긴 하지만 음식에 콘텐츠가 없으면 마케팅은 사상누각이 되고 만다. 경쟁이 치열해지면서 성공하기가 점점 어려워지고 있다. 하지만 자신이 잘하는 분야를 찾아 미친 듯이 좋아한다면 반드시 성공할 수 있다"

자신이 잘하는 분야를 찾아 미친 듯이 좋아하자

먼저 당신이 좋아하고 잘할 수 있는 일을 찾아라.

할 수만 있다면 내가 즐겨하는 일을 찾아야 한다. 그리고 찾았으면 일을 즐겨야 한다. 하는 일이 즐거우면 아무리 오랜 시간, 힘들게 일을 해도 이것은 일(노동)이 아니라 '놀이'처럼 생각된다. 그래서 성공한 사람들은 이렇게 고백한다.

"나는 일생 동안 하루도 '일'을 한 적이 없다. 나의 일생은 모두 즐거운 '놀이'였다고."

인생의 가장 큰 비극은 자신이 하고 싶은 일이 무엇인지 모르고 살아가는 사람들이다. 지금 하고 있는 일이 싫으면서도 억지로 월급을 받기 위해(먹고 살기 위해) 일하는 사람은 불행한 사람이다.

자기가 좋아하고, 잘하는 것을 찾아 이를 자신의 장점과 연결시켜 극대화하면 성공할 수 있다. 본인이 하고 싶은 것을 하라. 학교에 다니면서 공부만 할 것이 아니라 내가 진짜 좋아하는 것이 무엇인지 먼저 찾는 것이 중요하다. 그것을 발견해서 자기 강점과 연결해서 자기 일에 전력투구하면 놀라운 성과를 낼 수 있다.

현대그룹을 창업한 정주영 회장은 막노동을 할 때도 새벽에 동이 트기 시작하면 가슴이 뛰었다고 말했다. 일을 즐길 시간이 가까워지기 때문이었다는 것이다.

1701년 설립된 미국 명문사립대 예일대 수학과에 한국인 오희 박사가 최초로 여성종신교수가 되었다. 그녀는 한국에서 고등학교를 졸업하고 서울대 의과대학에 가려고 생각했다. 하지만 학력고사점수가 낮아 제2지망으로 서울대 수학과에 입학했다. 한때 그녀는 계속 다녀야 할까 고민하던 중에 지도교수가 일단 공부해보고 다시 생각해보라는 권유를 받고 마지못해 수학공부를 시작했는데, 어느날 갑자기 눈이 번쩍 뜨였다. 그동안 몰랐던 수학에 흠뻑 빠져버린 것이다. 1992년 대학을 졸업하고 미국으로 건너갔다. 1997년 예일대 수학과에서 박사학위를 받고 2006년 브라운대 교수가 되었다. 유학을 떠난 지 21년, 그녀는 미국 아이비리그 명문인 예일대 수학과의 종신교수가 되었다. 300년의 전통을 자랑하는 예일대 수학과에 여성이 종신교수가 된 것은 오 박사가 처음이다. 그녀는 2008년부터 미국고등과학원 교수도 겸직하고 있으며 세계 최대 수학단체인 미국수학학회(AMS) 펠로우로도 활동하고 있다.

2012년 7월 18년간 498홈런을 날린 프로야구의 이승엽 선수, 그는 2016년 통산 500호 홈런을 때려냈다. 이승엽은 1995년 투수로 삼성에 입단한 직후 투수로는 치명적인 팔 수술을 받게 되었다. 그때, 감독의 설득을 받아들여 투수에서 타자로 변신한 그는 대한민국을 대표하는 국민타자로 우뚝 섰다. 아시아 한 시즌 홈런 기록 56개 보유자이고 한일 양국 통산 500홈런을 치는 신기록을 수립했다. 하지만 국민타자의 야구인생의 시작은 초라했다. 처음 주전도 아닌 6개월짜리 시한부 타자로 출발했다. 1995년 삼성에 투수로 입단했으나 왼 팔꿈치 수술로 투수로 공을 던질 수 없게 되자 우용득 감독과 박승호 타격코치가 그를 타자로 전향시켰다. 당시 "지금 투수를 할 수 없으니 올스타전까지 6개월만 타자를 해보자"는 감독의 제의를 신인 선수가 거부할 수 없었다. 그러나 이 사건이 한국 프로 야구사를 새로 쓰는 위대한 결정이 되었던 것이다. 결과적으로 이승엽은 자신이 가장 잘하는 것을 일직 발견해서 이를 과감하게 받아들이고 더 잘하기 위해 전력투구했다. 선수생명을 앗아갈 수 있는 절체절명의 팔꿈치 수술의 부산물로 나온 불행이 그를 국민타자로 만들었고 그의 전매특허가 되어버린 타격 때 한쪽 다리를 들어 올리는 지금의 타격 폼이다.

가수 박진영, 그에게는 힘이 느껴진다. 무대를 압도하는 카리스마는 물론 GOD, 비, 원더걸스 등 국내외 대중음악계를 휘어잡은 아티스트들을 키워낸 제작자로서의 리더십 또한 커다란 무게로 닥아 온다. 그를 보면 남들이 모두 불가능하다고 여긴 미국 음악시장 진출과 그 이후의 성공적인 행보에서도 치열한 도전정신을 느끼기에 충분하다.

1994년 '날 떠나지마'로 화려하게 가수로 데뷔한 박진영은 노래와 춤, 패션은 젊은이들의 열렬한 환호를 이끌어냈다. 당시로서는 파격적이었던 그의 출현은 국내 대중음악계에 신선한 충격이었다. 그는 타고난 광대다. 자기의 일을 너무 재미있어 한다는 사실이다. 단순히 재미를 느끼거나 즐기는 것이 아니라 미치도록 좋아한다는 것이다.

"사람은 자신이 정말 사랑하는 대상에 빠졌을 때 어마어마한 힘을 발휘하는 것 같습니다"라고 말한다. 그는 이어 "저는 어려서부터 음악, 특히 흑인 음악이 정말 좋았습니다. 그것이 지금의 나를 있게 한 유일한 이유입니다"라고 설명한다.

'국민 할매'이자 '위대한 탄생'의 자상한 멘토로 활약하고 있는 부활의 김태원은 데뷔 앨범 성공 뒤 대마초에 빠져 교도소와 정신병원을 오가는 문제의 인물이었다. 사춘기 때는 당구장에서 사는 말썽꾸러기였다. 그러나 어머니 김용옥(76) 씨는 김태원의 음악에 대한 소질을 일찍이 알아차리고 묵묵히 그를 응원했다. "가만 지켜보니 태원이는 달랐어요. 밥만 먹으면 기타를 쳤어요. 다른 사람들은 하다말다 하잖아요. 꼭 공부로 출세하는 건 아니라고 생각했죠. 어느 날 어머니는 방을 청소하다 아들이 작곡한 '비와 당신의 이야기'가 적힌 노트를 발견했다. "이렇게 열심히 하고 있었구나!" 그때 감동은 지금도 잊을 수 없다고 했다. 교도소 수감 기간 동안 어머니는 하루도 빠지지 않고 아들을 면회했다. 김태원은 "어머니가 없었다면 제가 지금 여기에 없을 겁니다." "불효의 극치였다"고 털어

놓는다. 두 번의 방황과 매일 면회 온 어머니의 지극한 정성이 아들 김태원을 가수로 부활시킨 것이다

이화여대 철학과를 졸업한 이선희가 독일에 유학을 갔다. 철학을 공부하기 위해서. 그러나 가서 보니, 이게 아니다 싶어 주위의 만류를 뿌리치고 1985년 27세에 철학과는 전혀 다른 쾰른 대 의과대학에 입학했다. 6년의 공부 끝에 당시 독일에서 인기가 좋았던 외과 레지던트가 됐다. 그 때 그녀가 암 병동을 진찰하고 다닐 때 환자들이 "닥터 리랑 얘기하면 마음이 편해진다"고 얘기하는 소리를 많이 듣고 자신의 장점을 살리기 위해 그녀는 또 다시 정신과 의사가 되기로 결심했다. 독일어가 서툰 핸디캡을 극복하고 결국 100대 1의 치열한 경쟁을 뚫고 정신과 레지던트가 되었다. 그녀는 당시 면접시험에서 학부에서 이수한 철학 공부가 큰 도움이 되었다고 털어놓았다. 현재 쾰른 대 병원 정신과 부원장이 된 이선희 박사는 강조한다.

"하고 싶은 게 있으면 주변에 신경 쓰지 말고 도전하세요. 도전하지 않으면 얻는 것도 없어요. 실패를 하더라고 그 실패를 통해서 무엇이든 얻게 돼 있어요." 그녀는 학문적 외도의 끝을 철학박사학위를 따는 것으로 마무리할 예정이라고 말한다.

당신 자신이 되라(Be Yourself)

자신의 장점을 발견하고 이를 발전시켜라.

정체성을 찾아라.

다른 사람과 차별화하라.

"당신 자신이 되라(Be Yourself)."는 말은 강력한 힘을 발휘해 많은 사람의 인생을 바꿨다. 실제로 미국의 잭 웰치는 이 말을 듣고 자신만의 고유한 가치를 발견하고 개발해 Only one이 되겠다는 결심을 했다. 그는 그 결심을 실천했고 결국 누구보다 성공한 인물이 되었다.

"자신의 장점에 집중적으로 관심을 갖는 사람은 약점을 외면해도 된다." 삶의 전략가로 활동하고 있는 볼프강 뵈베스의 말이다. 많은 사람들은 성공하기 위해 자신의 약점과 싸워야 한다고 생각한다. 하지만 그것은 두 가지 이유에서 아무 의미도 없는 일이다. 첫째 당신의 장점을 방치하면 당신은 그냥 평범한 평균적인 사람이 된다. 둘째 약점에만 몰두하다 보면 심한 좌절감을 느끼고 모든 것을 잃는다.

여러분은 행복해지고 싶습니까?. 부족한 점 메우기보다 자신의 장점(강점)을 찾으십시오. 진정한 행복에 이르는 지름길은 자신의 강점을 발휘하는 것이다. 약점을 보완하는 방법으로는 자신의 발전도 행복도 없다.

베트남 전쟁의 영웅, 보 구엔 지압장군은 1954년 3월부터 베트남 라오스 국경지역인 디엔비엔푸 전투에서 빈약한 장비를 가진 월맹군 3만 명을 이끌고 최신 무기로 중무장한 프랑스군 1만1000명과 격돌, 그는 3개월에 걸친 치밀한 준비 끝에 55일간 대대적인 공세를 펴 프랑스군을 섬멸했다. 그 후 또한 지압 장군이 월맹군을 이끌고 남베트남을 함락시킨 날은 1975년 4월 30일이었다. 강대국을 상대로 전쟁에 승리한 지압 장군은 "우리는 프랑스와 미군을 정확히 파악했지만 그들은 베트남인이 어떤 사람들인지 알지 못했고 알려고 들지 않았다. 그들은 우월한 무기만으로 충분히 이길 것으로 오판했다."

그는 "전쟁에서 승리하기 위해서는 첨단 무기보다 사람이 더 중요하다"고 강조한다.

우리나라의 세계적인 골프선수 신지애는 "나만이 잘하는 것이 분명히 있는데도 골프코치와 주위 사람들은 내가 못하는 것만 지적해주다 보니 나는 이를 고치려고 거기에 집중하다 보니 내 장점을 잃어버렸다"고 털어놓은 적이 있다.

지구촌 음악계를 뒤집어 세계인을 놀라게 한 싸이의 강남 스타일이 성공한 것은 바로 자신만의 장점을 알고 이를 살리기 위해 꾸준하게 집중했기 때문이다. 글로벌 경쟁에서 살아남기 위해서는 남을 흉내 내는 것으로는 생존이 불가능하다. 자신만의 고유한 장점을 살려야만 살아남을 수 있다.(윌리엄 프리먼, AIG 부동산 사장, 이화여대 강연에서)

다른 사람을 따라 하지 말라. 자기 자신을 발견하여 자신의 모습대로 살아라. 당신은 이 세상에서 오직 당신뿐이다.〈인간관계론〉

자기다움, 자기스타일을 찾아라

일을 할 때 가장 적합한 자기 스타일을 개발하라.

그리고 당신이 가진 모든 에너지를 쏟아부어라.

고사성어(故事成語)에 나오는 邯鄲之步(한단지보)는 조나라 서울 인 한단 사람들의 걸음걸이를 배운다는 뜻으로 자기 본분을 잊고 함부로 남의 흉내를 내다보면 한 가지도 제대로 얻지 못한다는 것을 비유한 말이다. 莊子의 〈秋水編〉에 다음과 같은 일화가 있다. 장자의 선배인 魏牟(위모)가 名家(논리학자)인 公孫龍에게 이렇게 말했다. "당신은 수릉(壽陵, 燕의 수도)의 젊은이가 조나라 서울 한단으로 걸음걸이를 배우러 갔는데 조나라 걸음걸이를 다 배우기도 전에 원래 걷고 있던 걸음걸이마저 잊고 설설 기면서 겨우 고향으로 돌아갔다 하지 않습니까?"

성공하는 사람이 되려면 어떠한 경우라도 자신은 자신의 모습대로 살아야 한다. 이 진리를 간단명료하게 정리해서 우리에게 들려주는 법정(法頂) 스님의 명언을 소개한다.

자기 자신답게 살라

어떤 사람이 불안과 슬픔에 빠져 있다면

그는 이미 지나가 버린 과거의 시간에

아직도 매달려 있는 것이다.

또 누가 미래를 두려워하면서 잠 못 이룬다면

그는 아직 오지도 않은 시간을

가불해서 쓰고 있는 것이다.

과거나 미래 쪽에 한눈을 팔면

현재의 삶이 소멸해 버린다.

보다 직설적으로 표현하면

과거도 없고 미래도 없다.

오직 현재일 뿐이다.

지금 이 자리에서 최선을 다해

최대한으로 살 수 있다면

여기에는 삶과 죽음의 두려움도 발붙일 수 없다.

저마다 서 있는 자리에서 자기 자신답게 살라.

약점을 강점으로 승화시켜라

자신의 약점을 인정하고 창조적 전략을 써라. 약점이 오히려 혁신의 원천이다. 작은 연못에 가서 큰 물고기가 되라. 성공한 사람들은 모두 약점의 지배에서 벗어나 강점을 재발견하는 데 자신의 모든 것을 쏟았다는 공통점을 갖고 있었다. 그들은 자신의 단점을 고치기 위해 시간과 노력을 20% 정도 사용하고 나머지 80%는 자신의 장점을 강화하는 데 사용한다고 말한다.

세상에는 약하나 강한 자를 무섭게 하는 것이 네 가지 있다. 모기는 사자를 무섭게 하고 거머리는 코끼리를 무섭게 하고 파리는 전갈을 무섭게 하고 파리 잡이 거미는 매를 무섭게 한다. 아무리 크고 힘이 센 자라도 반드시 절대적인 것이라고는 할 수 없다. 몹시 약한 것이라도 어떤 조건이 맞으면 강한 자를 쳐 이길 수 있다.〈탈무드, 강자 편〉.

우리는 '일본과 중국 사이에 낀 나라'라는 자조적인 의미로 '샌드위치'라는 말을 흔히 쓴다. 하지만 디애고 비스콘티(Diego Visconti) 액센츄어(Accenture)인터내셔널 회장은 이런 한국인의 사고방식을 이해할 수 없다고 했다. "한국은 왜 일본과 중국 사이에 있는 걸 '끼어 있다'며 불안 해 하지요?. 한국은 선진시장(일본)과 미래의 최대소비시장(중국)이 곁에 있는데, 엄청난 장점 아닙니까?."

세계전쟁 사상 작은 약소국가 베트남이 거대한 국가 프랑스, 미국, 중국(1979년)을 상대로 차례로 승리했다는 사실은 놀라운 기적의 하나이다. 베트남의 호치민(胡志明, 1890-1969)과 보 구엔 지압(武元甲) 장군은 무기, 국력, 인구 등 그들의 약점투성이를 강점으로 만드는 데 성공해서 강대국을 손들게 한 대표적인 사례이다. 프랑스의 첨단무기, 세계최강 미국과 중국을 상대로 지압장군은 먼저 베트남 국민의 마음을 얻고, 게릴라전술과 땅굴작전이라는 무기로 승리를 쟁취한 것이다. 프랑스 식민지에서 벗어나기 위한 독립전쟁에서 베트민(Viet Minh, 베트남 독립동맹)을 지휘했던 지압장군이 1만 1천여 명의 프랑스 군을 섬멸했던 베트남 라오스 국경지역에 프랑스가 점령하고 있던 인 디엔비엔푸 전투의 첫 포성이 울린 것은 1954년 3월이었다. 형편없는 무기로 무장한 월맹군 3만여

명과 최첨단 무기로 무장한 프랑스군 1만 1천여 명이 벌였던 전투에서 지압 장군은 3개월에 걸친 치밀한 준비 끝에 55일간 대대적인 공세를 펼쳐 프랑스군을 섬멸했다. 월맹 지도자 호지명과 지압 장군은 내건 명분 면에서 '베트남의 독립'이라는 목표가 국민들을 단합시키고 병사들이 전투에 목숨을 바치게 만들었다.

베트남의 보 구엔 지압 장군은 적이 원하는 시간에 싸우지 않았고, 적이 좋아하는 장소에서 싸우지 않았으며, 적이 생각하는 방법으로 싸우지 않았다. 이것이 바로 '三不 戰略'이다. 그는 미군이 낮에 싸우기를 원하면 밤에 공격을 했고, 평지에서 싸우려고 하면 정글로 유인했고, 우월한 화력을 앞세워 전면전을 꾀하면 게릴라전으로 급습했다. 한마디로 요약하면 "다르게 싸우라"라는 것이다. 강한 상대를 이기려면 남다른 방법을 써야 한다. 똑같은 방법으로는 2등은 될 수 있어도 절대로 1등을 넘어설 수 없다.

또한 지압 장군이 월맹군을 이끌고 월남(남베트남)을 함락시키고 베트남을 통일시킨 날은 1975년 4월 30일. 호지명과 지압 장군은 미국을 등에 업은 월남정권은 명분 면에서 이미 월맹의 상대가 되지 않았다. 거기에다 월남 지도자들의 부정과 부패는 온 국민들의 마음을 잡는 데 실패했다. 베트남 전쟁 영웅 보 구엔 지압 장군은 그의 나이 100세를 맞아 하노이에서 한국기자와의 인터뷰에서 "우리는 프랑스와 미군을 정확히 파악했지만 그들은 베트남인이 어떤 사람들인지 알지 못했고 알려고 들지 않았다. 우월한 무기만으로 충분히 이길 것으로 오판했다"고 말하고 "전쟁에는 첨단 무기보다 사람이 더 중요하다"고 강조했다. 베트남 사람들은 미국과 전쟁을 치르면서 한 번도 질 것이라고 생각하지 않았다. 시간이 얼마나 걸릴지는 몰라도 언젠가는 미군을 쫓아내리라 굳게 믿었다. 그들은 미군이 본격적으로 전쟁에 뛰어든 1965년 이미 2000년까지 무려 35년간의 전쟁을 준비하고 있었다. 1979년 초 중국이 8만 5000명의 병력을 동원해 베트남 국경을 공격했다가 3만 명의 전사자를 내고 철수한 것도 지압 장군의 철저한 대비 때문이었다.

세계적으로 약점을 강점으로 승화시킨 모범적인 기업가를 사례로 든다면 당연 일본의 마쓰시타의 창업자 마쓰시타 고노스케(松下幸之助)이다.

일본재계에서 '경영의 신'으로 추앙받고 있는 그는 'National'(현재 상호는 Panasonic)이라는 상표로 알려진 마쓰시타 전기(松下電氣)의 창업자다. 그가 운명할 때까지 산하 570개 기업에 종업원 13만 명을 거느린 대기업 총수였지만 그의 인생 여정은 파란만장이었다. 초등학교 4학년을 중퇴하고 자전거 점포의 점원으로 출발해서 23세에 '마스시타 전기기구제작소'를 창업, 그의 일생은 장장 70년 동안 전기와 인연을 맺으면서 수많은 신화를 창조해냈다. 그가 일본 굴지의 총수가 되었을 때 그의 부하직원이 그에게 물었다. "회장님은 어떻게 하여 이처럼 큰 성공을 하셨습니까?". 마쓰시타 회장은 나의 성공은 세 가지 하늘의 큰 은혜를 입고 태어났기 때문이라고 대답했다. 그 제시한 세 가지 은혜란 놀랍게도 첫째 '가난한 것', 둘째 '허약한 것', 셋째 '못 배운 것'이라고.

이 말을 듣고 깜짝 놀란 직원이 "이 세상의 불행이란 불행을 모두 갖고 태어나셨는데 오히려 하늘의 은혜라니 이해할 수 없습니다."라고 반문하자 그는 이렇게 대답했다. "나는 가난 속에서 태어났기 때문에 부지런히 일하지 않고서는 잘 살 수 없다는 진리를 깨달았다네. 또 허약하게 태어난 덕분에 건강의 소중함도 일찍 깨달아 몸을 아끼고 건강에 힘써 지금 90살이 넘었어도 30대의 건강으로 겨울철에 냉수마찰을 한다네. 또 초등학교 4학년을 중퇴했기 때문에 항상 이 세상 모든 사람들을 나의 스승으로 받들어 배우는 데 노력하여 많은 지식과 상식을 얻었다네. 이러한 불행한 환경이 나를 이만큼 성장시켜주기 위해 하늘이 준 시련이라 생각되어 감사하고 있다네."

마쓰시타는 1979년 70억 엔(약 982억 원)의 사재를 들여 가나가와현 지가사키시에 일본정치현실을 개혁하기 위해 '松下政經塾'을 설립했다. 이 정경숙에 입학하는 학생들은 대부분 '돈과 연줄'이 없다. 그렇다 보니 정경숙을 거쳐 나온 인재들은 철저하게 지역주민들 속으로 파고들어가 민심을 읽는 '현장주의 정치인'이라는 공통점을 가지고 있다. 정경숙은 4년제, 2010년 이전에는 3년제로 첫 2년은 기숙사에서 공동생활을 하는데 학생들은 매일 아침 6시에 기상과 동시에 정경숙과 그 주변을 청소하는 것으로 하루 일과를 시작한다. 또 국내외 공장이나 상품판매 현장에서 일하는 실습교육도 교육과정에 포함되어 있다. 학생들은 재학시절부터 선배들이 출마한 선거구에 가서 선거운동을 도우면서 정치가로서 필요한 정책수립, 연설, 주민접촉 등을 하면서 선거에 관련된 실전기술과 전략과 전술을 채득한다.(한국의 가나안 농군학교)

일본의 손정의 회장, 조센징의 한계를 극복하고 일본 제1의 부자가 된 위대한 한국인이다.

신체적 단점이 오히려 성공의 디딤돌이었다

신체적 단점을 장점으로 승화시켜 성공한 대표적인 사례들도 있다. 이들은 약점을 강점으로 변화시켜 세계사에 기록을 남긴 인물이 되었다.

대표적인 인물이 나폴레옹이다. 프랑스의 식민지인 코르시카섬 출신으로 오척 단구의 키 작은 군인 나폴레옹은 프랑스를 증오하며 어린 시절을 보냈다. 코르시카섬을 프랑스로부터 독립시켜야한다는 생각을 부모로부터 배웠다. 프랑스 육군사관학교를 졸업하고 포병장교가 된 나폴레옹은 툴롱항구의 전투!(1793년 12월)에서 혁혁한 전공을 세웠다. 그리고 파리폭동을 진압하고 영국과 왕당파를 괴멸시키자 그의 인기가 치솟아 약관 27세에 이탈리아 원정군 사령관이 되었다. 그 후 그는 여세를 몰아 연이어 정복전쟁을 일으켜 유럽 여러 나라들을 휩쓸어 프랑스에 편입시켰다. 누구보다 권력을 사랑한 그는 그의 휘하 군인들을 동원, 군사쿠데타를 통해 장군의 지위에 오르고 제1통령을 거쳐 1804년 황제가 되는데 불과 5년이 걸렸을 뿐이었다.

과거 소비에트 연방 소속 국가에서 독립한 그루지아(조지아) 출신으로 소련연방의 수상이 되어 수많은 사람들을 숙청했던 조셉 스탈린. 환관 조승의 양자로 입적했던 조조는 그는 볼품없는 외모에 작은 키, 그러나 삼국지에서 영웅으로 등장했다. 중국의 개혁개방을 주도, 오늘 날 중국을 G-2의 반열에 올려놓은 등소평, 그도 오척 단구에 볼품없는 외모를 지닌 사나이였다.

우리나라에서 경마에서 신기록을 세운 여자 경마 기수 김혜선 (28세)은 150센티의 키 때문에 항상 콤플렉스에 시달렸으나 그 작은 키의 단점을 장점으로 승화시켜 성공한 모델케이스이다, 그녀는 자기의 몸이 가볍기 때문에 말에 부담을 최소화하는 경마기수를 선택해서 132승이라는 경이적인 기록을 세우며 성공한 전설적인 인물이다.

2013년 미국 LPGA 13개 대회에서 여섯 차례 우승한 세계 프로 골프 여왕 박인비 선수는 신체적으로 다른 선수와 다른 짧은 손목이라는 단점을 장점으로 바꾸어 성공한 대표적인 케이스이다. 손목을 적게 놀리면 공의 방향성이 좋아진다는 점에 주목했다. 그래서 파워는 더 살리고 손목은 덜 쓰는 골프 자세를 개발해낸 것이다. 백스윙은 적지만 조금 일찍 머리를 움직여 체중 이동을 쉽게 하기도 했다.

미국 32대 대통령인 프랭클린 루스벨트는 뉴딜정책으로 1929년 대공황을 극복했고 2차 세계대전을 승리로 이끈 위대한 지도자였다. 하지만 그가 39세 때 뉴욕주지사에 출마하려고 준비 중 갑자기 소아마비에 걸렸다. 불구가 된 그는 부인 엘리노어 루스벨트에게 "나를 떠나도 좋다"고 말했다. 그러나 엘리노어는 "내가 사랑한 것은 당신의 다리가 아니라 당신의 영혼입니다"라고 말하며 탁월한 내조로 루스벨트가 더욱 위대한 지도자가 될 수 있도록 힘을 실어 주었다. 소아마비라는 엄청난 고통은 두 부부의 사랑을 더욱 강하게 만들었고 그로 인해 루스벨트는 미국 정치사에 더욱 훌륭한 업적을 이룩할 수 있었다.

2002년 월드컵 4강 신화의 주역의 한사람인 수비수 유상철 선수가 얼마 전 모 방송프로에 출연해서 "자신은 왼쪽 눈의 시력이 전혀 없다"고 털어 놓아 시청자들을 놀라게 했다. 국가대표선수가 두 눈이 아닌 외눈으로 공을 차다니. 그는 한쪽 눈의 시력을 잃은 단점을 극복하기 위해 "피나는 연습을 했습니다. 공에 끈을 달아 놓고 수백 번 수천 번 헤딩 연습을 했습니다. 왼쪽 눈의 시력이 없는 대신 다른 감각을 극대화하는 훈련이었습니다." 그는 한 눈을 못 쓰는 눈 때문에 결코 주저앉거나 포기하지 않았다. 피나는 연습으로 자기만의 뛰어난 경기력을 창조해냈다. 당시 팀 동료들은 물론 그를 국가대표축구선수로 선발했던 히딩크 감독도 이 사실을 전혀 몰랐다고 한다.

끊임없이 학습하라

각종 교육프로그램이나 세미나 회의에 적극 참여하라. 대학원에 진학하라. 전문분야의 박사학위를 취득하라. 시대가 빠르게 변한다. 새로운 지식과 정보를 얻기 위해 독서에 시간을 투자하라. 독서는 인맥창조의 첫걸음이며 정보와 지식을 제공해준다. 독서는 상류사회진입의 지름길이다. 현대는 Reading Divide시대이다.

- 지식정보화시대를 맞아 지식의 가치가 눈 깜짝할 사이에 반으로 줄어드는 '지식의 반감기'가 우리 앞에 다가왔다. 생존을 위해 현재 알고 있는 지식이 곧 쓰레기가 되어 버리기 때문에 새로운 지식을 끊임없이 빠르게 학습하는 것을 생활화하라
- 동시에 100세 장수시대에 대비해서 죽을 때까지 공부하는 평생 학습도 병행해야 한다.

인맥을 구축하라

천금으로 집을 사고 만금을 주고 이웃을 산다

(千金買宅 萬金買隣)

CULTIVATE CONTACTS. Cultivate a circle of contacts-centers of influence.

인생에서 가장 중요한 것은 바로 다른 사람들과의 관계이다. 행복하고 건강하게 나이 들어갈수록 인생의 성패를 결정짓는 것은 '뛰어남', '경제적 계층'이 아니라 '인간관계'이다.

1년에 수익이 1만 달러 증가하는 것보다 친구 한 명을 얻는 것이 4.5배 행복감을 준다는 미국의 연구보고서도 있다. 행복은 내가 다른 사람들과 얼마나 좋은 관계를 맺고 있느냐에 따라 좌우된다. 행복은 사람과 사람 사이에 있다. 즉 만나는 사람들과의 관계 속에 있는 것이다.

미국 카네기멜론 대학에서 사회적으로 성공한 사람들을 대상으로 성공 비결을 조사한 적이 있었다. 결과에서 나온 사실은 놀라운 것이었다. 우리가 통상 성공조건이라고 믿고 있는 지적 능력이나 재능이 성공에 미치는 영향은 불과 13%에 지나지 않았다. 나머지 85%의 성공 요인은 바로 인간관계였다. 아무리 지적 능력과 재능이 뛰어나도 인간관계 구축 능력이 부족하면 성공하기 어렵다는 것이다. 혼자서는 모든 것을 해결할 수 없기 때문이다.

세계에서 중국인들만큼 인맥을 중요시하는 민족은 없을 것이다. 그들은 "천금으로 집을 사고 만금을 주고 이웃을 산다(千金買宅 萬金買隣)". 중국 남송(南宋)의 계아(季雅)는 좋은 이웃을 얻기 위해 집 값의 10배를 지불했다. 중국 사람들은 사람을 평가할 때 '취안쯔(圈子, 서클)'부터 살핀다. 중국에서 인맥은 생활이요 사업이자, 비즈니스 기회이고 가치관이며 지위이다. 중국 상류층은 프라이비트 클럽(會所)를 좋아한다. 실력자와 관시(關係)를 맺을 수 있기 때문이다. 클럽회원권 값은 천정부지로 값이 솟고 있다. 이들은 "소비하는 돈에는 값이 있지만 그곳에서 얻은 인맥에는 가격이 없다"는 게 고급클럽 회원들의 공통된 인식이다. 정상급 클럽은 입회비만 무려 1,000만 위안(17억 6350만원)을 호가한다.

그 사람이 어떤 사람인지 알려면 그 사람이 어떤 사람들과 만나는 것을 보면 안다. 그 사람이 일생을 잘 살았는지 못 살았는지는 그가 이 세상을 마무리하는 초상집에 가보면 더 잘 알 수 있다.

무엇보다 나와 가까운 주변 친구가 성공하는 것이 바로 내가 성공하는 것이다. 그로 인해 기회가 생기고 멋진 정보를 얻기 때문이다. 세계를 주름잡는 워싱턴 정가에서 널리 회자되고 있는 말이 있다. "Not what you know but who you know." "무엇을 알고 있느냐보다 누구를 알고 있느냐"가 중요하다는 의미이다.

대몽골 제국을 건설했던 징기스칸은 이렇게 말했다.

"배운 게 없다고, 힘이 없다고 탓하지 말라. 나는 글이라고는 내 이름도 쓸 줄 몰랐다. 대신 나는 남의 말에 항상 귀를 기울였고, 나는 힘이 없기 때문에 평생 친구와 동지들을 사귀었다." (《징기스칸의 리더십》에서)

인맥을 구축하기 위한 방법으로
다음의 일곱 가지 법칙을 기억하자

호주의 심리학자 티모시는 'SUPPORT(지지)'라는 단어를 이용해 다른 사람들과 좋은 관계, 즉 인맥을 구축하기 위한 방법으로 다음의 일곱 가지를 제안했다.

S=Strengths 상대방의 장점 찾기

U=Unconditional Love 조건 없는 사랑

P=Praise 칭찬하기

P=Positivity 긍정적 생각

O=Openness 열린 마음

R=Respect 존경하기

T=Trust 신뢰하기

그는 좋은 인간관계를 형성하기 위해서는 다른 사람의 장점을 보려고 노력하고, 사랑에 조건을 달지 않으며, 칭찬을 아끼지 말아야 한다고 했다. 또한 긍정적인 생각과 열린 마음을 가지고 타인에 대한 존중과 신뢰를 바탕으로 인간관계를 유지해야 한다고 강조한다.

관계는 위에서 아래로 흐르는 물이 아니라 서로 주고받는 '탁구공'이다. 내가 공을 쳐서 보내야 상대가 그 공을 나한테 보낸다. 내가 먼저 베풀고 좋은 친구가 되어주려고 노력해야 한다. 그러면 상대가 응답한다.

인맥은 평소에 자신이 얼마나 남에게 도움을 주어 왔느냐와 직결된다. 상대방이 돕고 싶다는 생각이 들게 만들어라. 조직에서 50점짜리 보고서라도 경쟁자보다 빨리 제출하면 출세한다. 혼자로는 안 된다. 속도전에서 승리하려면 조직 내 유능한 동료의 힘을 빌려야 한다. 도움은 인맥에서 나온다. 동료의 협조는 평소 내가 그들에게 베푼 만큼 돌아오기 마련이다.

기러기가 하늘을 날 때 V자로 무리를 지어 날아간다. 이유는 혼자 날아갈 때보다 70%나 더 멀리 날 수 있기 때문이다. 이처럼 100세 인생 여정에서는 함께 할 수 있는 친구가 반드시 있어야 한다. 혼자서는 살아갈 수 없는 시대이다. 세상은 너무나 빠르게 변하고 있다. 내가 모든 것을 알 수 없다. 때문에 내가 모르는 분야는 친구들과 협력과 협업을 통해 얻어야 하는 시대이다. 독불장군이나 왕따는 이미 실패한 인생이다.

사람을 만나라. 부탁할 일이 없을 때 자연스럽게 사람을 만나라. 그래야 필요할 때 언제든지 사람을 만날 수 있다. 1년 내내 코빼기도 보이지 않다가 급한 일이 생기면 다급하게 허겁지겁 만나자고 하면 누가 여기에 응하겠는가?. 평소에 진솔하게 친교를 해두어야 급할 때 만날 수 있다.

옛 친구를 챙겨라. 새로운 네트워크를 만드느라 지금 가지고 있는 최고의 재산을 소홀이 하지마라. 정말 내가 힘들 때 누구한테 가서 울 수 있겠느냐?. 새로 만난 친구일까. 아니다 옛 친구다.

인맥은 이용할 목적으로 만들면 안 된다.

자연스럽게 만들어진 것이 결과적으로 진정한 인맥이다. 인맥이란 그것을 이용하려 들면 생기지 않는다. 무엇을 바라지 말고 그저 마음이 내키는 대로 한없이 베풀어야 한다. 인색함은 인맥의 천적이다. 늘 손해 보는 듯이 행동하는 것이 좋다. 인연을 좋게 하려면 손해를 보겠다는 생각으로 사는 것이 바람직하다. 내가 먼저 주면 저쪽도 줄 가능성이 높아진다. 이제는 환경에 잘 적응하는 자가 생존하는 適者生存이 아니라 인간관계에서 남에게 베풀고, 손해 보는 사람이 생존하는 赤者生存의 시대이다.

대한민국 최고의 마당발로 언론에 소개된 부산 동서대 김대식 교수(51, 일본어과)는 스마트폰에 전화번호만 4만 개 저장되어 있고, 경조사비 월 600만 원, 휴대폰요금 100만 원을 쓰고 있는 인맥

왕이다. 그는 인맥 창조의 비결을 이렇게 털어 놓았다. "먼저 부탁하지 않는다. 그러나 부탁이나 민원이 들어오면 절대 거절하지 않는다." "내가 도움을 받기 위해서 전화하면 관계가 다 끊긴다. 반대로 내가 그에게 어떤 도움을 줄 수 있는지 알아보기 위해 전화하면 관계가 돈독해진다."고 강조한다.

가난한 사람과는 사귀지 말라. 돈 없는 사람들은 돈을 보고 아첨하고 만나기 때문에 돈이 떨어지면 떠나갈 사람들이라 만나봐야 손해만 발생한다.(일본 갑부 이토야마 에니타로가 그의 일생경험을 통해 터득한 말이다)

하루에 30%는 자기의 일을 하고
나머지 70%는 인맥을 쌓기 위해 노력하라

인간관계 전문가들은 하루에 30%는 자기의 일을 하고 나머지 70%는 인맥을 쌓기 위해 노력해야 한다고 조언한다.

이 세상에 능력이 뛰어난 사람은 많지만 실제로 성공하는 사람은 매우 드물다. 그런 사람은 대개 '기회를 잡지 못해 그렇다'고 불평하지만 근본 이유는 인간관계가 원활하지 못한 탓이다. 두터운 인맥은 성공의 지름길이다. 인맥을 잘 쌓는 사람은 경쟁에서 유리한 조건을 갖출 수 있기 마련이다.

〈포지셔닝(Positioning)〉의 공동저자인 잭 트라우트와 알 리스는 개인 삶의 셀프마케팅을 다룬 〈My Positioning〉이란 책에서 경마 경주에서 승리하기 위해서는 가장 좋은 말을 타야하는 것처럼 인생의 경주에서 성공으로 인도해 줄 11가지 성공마(成功馬)를 제시하고 있다. 그 내용의 핵심을 보면 능력을 가지고 남들보다 더 열심히 일하는 근로마(The hard-work horse)의 성공확률은 1/100이지만 타인마(The other-person horse)즉 타인(他人)의 협력으로 살아가는 사람들의 성공확률은 1/3이라고 한다.

천재 화가 반 고흐는 살아있는 동안 그의 작품을 알아주는 사람도 없이 홀로 쓸쓸하게 지내다가 권총 자살로 생을 마감했다. 전문가들은 그의 비극적인 삶을 빗대어 "창조적인 사람이 되고 싶다면 반 고흐처럼 당신 작품 활동에 모든 시간을 할애하라. 그러나 창조적이면서 성공한 사람이 되고 싶다면 시간의 절반만 당신 작품 활동에 할애하고 나머지 절반은 다른 사람들에게 자신을 파는 일에 할애하라"고 충고한다. 이들은 일을 하는 것이 목적이라면 일만 열심히 하면 된다. 그러나 성공을 원한다면 일을 열심히 하되 네트워크에 투자하라고 조언한다.

빠르게 변하는 시대에 내가 모든 것을 경험할 수도 없고, 알 수도 없다. 하지만 내가 하고 있는 일을 나보다 먼저 경험한 사람이 있고 더 잘 알고 있는 사람이 있다. 네트워크(인맥)에 들어가면 우리의 고민을 해결해 줄 수 있는 정보와 자원 그리고 해답이 있다.

많은 직장인들이 불확실한 미래를 걱정한다. 그러나 확실한 것은 현재의 직장은 미래의 직업을 보장해 주지 않는다. 그렇다면 무엇이 미래의 직업을 줄까?. 그것은 바로 네트워크이다.

- 이제 성공이란 단어를 다시 정의해야 한다. 극단적으로 표현하

면, "성공은 내가 하는 것이 아니라 남이 시켜주는 것이다". 때문에 네트워킹은 현재와 미래의 행복을 보장하기 위해 현대인이 갖추어야 할 필수능력이다.

이제는 네트워킹에도 전략적 접근이 필요하다

NBO(Networking by objectives) 즉 목표에 의한 네트워킹이다. 인간관계는 목표달성에 도움이 되는 핵심인물 즉 Key man 중심의 네트워크를 구축해야 한다. 내가 실패하면 현재 편안하게 만나는 사람들도 서서히 떠난다. 이들과의 만남을 지속하기 위해서는 나는 반드시 성공해야만 한다. 목표에 의한 네트워킹은 바로 '지속 가능한 성공'을 보장하는 지혜의 도구이자 전략이다.

먼저 목표를 점검한 다음 목표달성에 도움을 줄 수 있는 핵심인물이 누구인지를 찾아 그를 만나 교류하고 도움을 요청하는 것이다. Key man을 만나야 하는 이유는 그에게는 핵심정보와 엄청난 인적, 물적 자원이 있기 때문이다.

현대는 인맥이 자산이다

가능하면 유력인사와 교제하라. 비즈니스의 가장 중요한 소스는 개인의 소개이다. 개인으로부터 소개를 받을 때에는 그 사람이 정말 힘 있는 인사인가를 가장 중요시해야 한다.

이제는 취업도 인맥이 좌우한다. 한국개발연구원이 2011년 말에 발표한 "네트워크의 노동시장효과분석"이란 보고서에서 2003-

2007년 일자리를 구한 표본 집단 6165명 중 3477명(56.4%)이 친구나 친척, 가족 등 인맥을 통해서 취업한 것으로 나타났고, 공채를 통한 입사는 13%에 불과했다. 이는 한국의 뒤틀어진 '인맥문화'를 그대로 반영한 것이기도 하다. 우리나라 취업자들의 인맥의 존도는 다른 나라에 비해 훨씬 높은 편이다.

출세를 원하면 야심가가 되라.

오늘날 출세의 중심이 되는 것은 명성이다. 명성은 재산이나 직위보다 더 높은 사회적 지위를 부여해준다. 출세를 하려면 스스로 명성을 획득하거나 아니면 명성을 가진 자에게 아부해야 한다. 스스로 명성을 얻는 것보다 명성에 아부하는 것이 훨씬 더 쉽고 빠르다. 이를 위해 다른 사람의 명성에 편승해야 하는데 그러기 위해서는 모든 수단을 총동원해서 저명인사와 친구가 되어야 한다.(한국의 사례 : 여무남, 정팔도)

특히 직장이나 조직 내에서 차상급자와 인간관계를 잘 구축해야 한다. 필요하다면 그에게 눈 딱 감고 충성을 다하라. 정상에 오르는 지름길은 차상급자로부터 인정받았을 때부터 비로소 시작된다.

맡은 일은 반드시 완벽하게 해내야 한다. 임무를 완수하고 나면 상사로부터 신뢰를 얻게 되고 신뢰를 받게 되면 단계적으로 한 차원 높은 과제가 주어진다. 그 과업을 완수하는 과정에서 열심히 하다보면 자연히 일에 대한 흥미를 느끼게 되고 시간이 지나면 어느새 자신은 성장할 수 있는 기회를 잡을 수 있게 되는 것이다.

05

만나는 사람마다
상대의 장점을 발견해서 칭찬하라

칭찬은 기적을 부른다

칭찬과 아부, 아첨은 비슷한 개념이지만 약간의 차이가 있다. 阿附(아부)는 남의 비위를 맞추고 알랑거림을 말하고, 阿諂(아첨)은 남의 환심을 사거나 잘 보이려고 알랑거림인데 반해, 稱讚(칭찬)은 좋은 점을 일컬어 기리고 잘한다고 추어주는 것을 뜻한다.

칭찬은 기적도 창조한다.

나폴레옹의 아첨 사랑.

칭찬은 고래도 춤추게 한다.

칭찬하면 돼지도 나무에 오른다.(일본 속담)

칭찬이 기적을 창조한 사례들을 들어보자.

아침마다 서로 칭찬 한마디, 그게 바로 사랑이죠. "매일 아침 이불 개키는 일을 묵묵히 해주는 당신을 칭찬합니다." "손톱깎이를 사용한 뒤에 제자리에 갖다 둔 것을 칭찬합니다." "내말을 끝까지 다 들어준 다음 얘기하는 모습, 당신은 참 좋은 습관을 지녔어." '부부일기'라는 책을 펴낸 조양희, 박문규는 아침마다 식탁에 마주 앉아 한마디씩 서로를 칭찬한다. 하루를 시작하는 의식(儀式)이다. 그녀는 고백한다.

"작은 새들도 저렇게 다정히 살 부부며 살아가는데, 만물의 영장(萬物之靈長)이라는 인간인 남편과 내가 왜 허구한 날 티격태격 다투기만 하나 싶더군요. 마음먹고 칭찬하기 시작하니까 우리 가정에 변화가 일어나더군요. 유치한 것 같지만, 서로 칭찬을 들으려고 작은 일에 좀 더 노력하게 됐어요. 처음에는 상대방을 변화시키려고 시작했는데 시간이 지나니 나 자신이 변하더라고요."

프로농구 모비스팀의 유재학 감독은 2010년 프로농구 사상 처음으로 세 번째 통합우승을 달성했다. 빼어난 농구 기술자로 평가받는 선수 없이도 천하를 통일한 것이다. 그 비결은 다름 아닌 '만수의 칭찬'이 선수를 춤추게 했던 것이다.

우리 동네 버스정류장 앞, 허름한 떡 가게에는 언제나 웃음꽃이 피어난다. 떡집 할머니 때문이다. 탤런트 강부자와 꼭 닮은 할머니는 앞이 트인 가게 창밖으로 지나가는 동네 사람들에게 먼저 아는 척을 하면서 뭐라고 한 가지씩 칭찬을 해준다. "옷이 잘 어울린다."

"얼굴이 더 환해졌다." "중년 내외가 그렇게 나란히 걸으니 신혼부부 같다." 등등. 덕분에 사람들은 매일 아침, 저녁 떡 가게 앞을 지나가기만 해도 기분이 좋아진다. 나 역시 할머니한테 머리모양이 예쁘다, 걸음걸이가 씩씩하다는 '그날의 칭찬'을 받으면 괜히 하루종일 머리스타일에 자신이 생기고 걸음을 씩씩하게 걷게 된다. 할머니는 사람을 보면 칭찬할 게 먼저 눈에 들어온단다. 참 신기하다. 한글을 몰라 장부를 상형문자로 정리한다는 할머니가 상대방의 장점을 한눈에 찾아내고 그것을 극대화한다는 사실은 놀라운 일이다. 아무튼 할머니가 무심코 던지는 칭찬 한마디가 나를 비롯한 많은 사람들의 하루를 얼마나 즐겁게 하는지 모를 거다. 칭찬은 칭찬을 낳는다더니 할머니 덕분에 나는 일상생활에서 작은 칭찬을 주고받는 즐거움을 한껏 누리고 있다. (한비야 지음, '바람의 딸' 중에서)

"미국 국민의 지혜를 믿었을 때 저는 한 번도 실패한 적이 없었습니다." 레이건 대통령은 재임 중 입버릇처럼 미국 국민을 '위대한 국민'이라고 치켜세웠다. 역사적으로 미국에서 제일가는 아부 전문가는 역대 대통령들이었다. 카터 대통령은 공식행사에서 "우리 행정부가 미국 시민만큼 훌륭하기를 바란다"고 기도했다. 미 시사주간지 'TIME'의 편집장인 리처드 스텐겔(Richard Stengel)이 쓴 '아부의 기술(You're Too Kind : a Brief History of Flattery)'에서 "민주국가의 국민은 칭찬받기를 원한다"며 미국 역대 대통령들은 국민에 대한 아부를 통해 지지를 이끌어냈다고 소개한다. 또 그는 지도자에 대한 아부는 성공의 지름길이라며 백악관을 '아부의 드림

팀'이 모인 곳이라고 했다. 딕 모리스는 클린턴에게 "미국역사상 다섯 번째로 위대한 대통령"이라고 아부했다. 덕분에 모리스는 클린턴의 선거 참모로 장수했다. 아부는 우리의 허영심을 향해 날아와 꽂히는 첨단 열 추적 미사일과 같다. 성공률은 100%이다. 현대사회에서 적절한 아부는 인간관계를 부드럽게 해주는 윤활유다. 이 세상에 아부를 싫어하는 사람은 아무도 없다. 아부란 자신의 비위를 다른 사람에 맞춰야 할 정도로 자기가 중요한 인물이라는 사실을 보여주기 때문이다. 인류역사상 아부했다고 해서 권력자로부터 처벌받은 사례는 없다.

미국 고등학교의 한 교사가 매사에 자신을 잃고 열등감에 빠져있는 학생들에게 거울을 하나씩 나누어 주고 매일 아침 학교에 등교하기 전에 거울을 보면서 거울에 비친 자신을 향해 "너는 훌륭한 학생이야!" "너는 곧 우등생이 될 것이다." "앞으로 큰 인물이 될 것이 틀림없어!"라고 자신에게 반복적으로 덕담을 하도록 했다. 그 결과 놀라운 변화가 일어났다고 한다. 이 교사는 진짜 반에서 바닥을 헤매던 열등생이 어느 날 갑자기 우등생으로 변하는 기적이 일어났다고 실험결과를 매스컴에 발표한 바 있다.

칭찬을 생활화하라

'아부의 기술'의 저자 스텐겔이 권하는 '아부의 황금률'은 다음과 같다.

- 그럴듯하게 하라

- 상대방이 없는 곳에서 칭찬하라.

- 누구나 아는 사실은 칭찬하지 마라.

- 칭찬과 동시에 부탁하지 마라.

- 여러 사람에게 같은 칭찬을 되풀이하지 마라.

남을 칭찬하려면 남을 보는 시각과 대하는 태도가 긍정적, 호의적으로 출발해야 가능하다.

칭찬을 생활화하라. 적극적으로 공개적으로 칭찬하라, 솔직하고 진지하게 칭찬하라. 상급자에게는 고차원적인 아첨을, 아래 부하들에게는 격려를 수반한 칭찬을 과감하게 하라. 이것들이 무엇과도 바꿀 수 없는 특효약이다.

남자는 자기를 알아주는 사람을 위해 목숨을 바치고 여성은 자기를 사랑해주는 사람을 위해 희생한다.

칭찬은 혼자, 상대방 앞에서 주로 낮에 한다. 비난(남의 잘못이나 흠을 책잡음)과 불평(마음에 들지 아니하여 불만스럽게 생각함)은 뒤에 숨어서 주로 밤에, 떼로 하는 경우가 많다.

좋은 말에서는 좋은 파장이 나오고 악한 말에는 악한 파장이 나온다. 남을 욕하고 비난하면 제일 먼저 자기가 영향을 받는다. 식물학자들은 식물도 서로 간에, 그리고 사람들과도 대화를 한다고 실험 결과를 발표한 사례가 있다. 우리가 사랑하는 마음으로 식물을 향해 감정을 표현하면 놀랍게도 화초가 반응을 한다고 한다. 화초를 보고 저주의 말을 하면 놀랍게도 얼마 안 가 하초는 시들어버리고 만다. 화초를 보고 사랑한다는 말을 반복하면 화초에 생기가 돋아난다고 한다. 식물도 인간처럼 서로 교감하는 위대한 생물이다. 하물며 인간은 아무리 멀리, 보이지 않는 곳에서 누구를 비난하면 그 파장은 반드시 상대에게 전달된다.

물고기는 언제나 입으로 낚시에 낚인다

회사의 사장이나 간부들을 껌 씹듯이 비난하는 직원들이 많다. 그러나 낮말은 새가 듣고 밤말은 쥐가 듣는 법이다. 항상 불평하고 남을 비난하는 사람이 있는 회사는 분위기가 엉망이 된다. 일반적으로 똑똑하다고 평가받는 사람들 중에 이런 사람이 많다. 조직은 혼자 생활하는 공간이 아니다. 때문에 상대가 있다. 먼저 상대를 인정하는 것으로 조직생활은 시작된다. 상대를 인정하지 않으면 상대도 나를 인정하지 않는다. 인간관계에는 일반통행이 없다. 내가 잘났다고 떠들어 대봐야 잘난 것이 되는 것이 아니다. 남이 나를 인정해 주어야 잘난 사람이 된다. 멍청한 사람은 자기 자신에 도취해 이 사실을 모른다. 남들은 다 하는데.

어리석은 자의 특징은 타인의 결점을 드러내고 자신의 약점을 잊어버리는 것이다. 남을 비난하는 사람은 상대를 볼 때 먼저 부정적인 시각과 상대의 단점부터 찾고 본다. 좋을 일을 하면서 살아가는 종교인들은 보통 사람보다 장수하면서 행복한 인생을 살아간다. 반면 남의 험담을 잘 하는 사람들은 장수하거나 행복하게 살아가는 사람이 드물다. 자기가 평소에 하는 말이 남이 아닌 자기 자신에게 가장 큰 영향을 미치기 때문이다.

중국의 四字成語에는 주불급설(駟不及舌)이란 말이 있다. 駟는 네 마리의 말이 끄는 빠른 수레라는 뜻인 데 아무리 빠른 수레라도 인간의 혀(舌)에는 미치지 못한다는 것으로 소문이 빠르게 퍼지는 것을 비유한 말이다. 우리 속담에도 발 없는 말이 천리 간다. 낮말을 새가 듣고 밤말은 쥐가 듣는다고 경고하고 있다.

당나라 시인 빙도(憑道)의 설시(舌詩)에 보면 "입은 곧 재앙의 문이요, 혀는 곧 몸을 자르는 칼이다. 입을 닫고 혀를 깊이 감추면, 가는 곳마다 몸이 평안하다"고 했다. 그래서 중국인들은 옛날부터 가정에서 자손들에게 "말은 사람을 상하게 하는 도끼요, 혀는 사람을 베는 칼이니, 입을 막고, 혀를 깊이 감추면 몸이 어느 곳에 있어도 편안할 것"이라고 가르쳐 왔다. 우리속담에는 세 치 혀로 흥 한자, 세 치 혀로 망한다고 했다.

한문에는 구화지문(口禍之門)이란 사자성어도 있는데 이는 입이 곧 재앙을 불러들인다는 뜻이다. 유대인의 경전 탈무드는 이렇게 가르치고 있다. 한 장사꾼이 온거리를 누비며 "인생의 비결을 사실 분 없습니까?"라고 소리쳤다. 거리의 사람들이 순식간에 몰려들어 인생의 비결을 팔라고 졸라댔다. 그는 딱 한 마디 이렇게 말했다. "인생을 참답게 사는 비결은 자기 혀를 조심하여 쓰는 것입니다." (탈무드 혀-1)

온 세상의 동물들이 뱀을 향해 말했다. 한 동물이 "사자는 먹이를 넘어뜨리고서 먹는다. 늑대는 먹이를 찢어 발겨서 먹는다. 그런데 뱀아, 너는 먹이를 통째로 꿀꺽 삼키니 그건 어째서냐?" 뱀은 말했다. "나는 남을 중상 모략하는 자보다는 낫다고 생각하네. 입으로 상대방을 상하게 하지 않기 때문이지"(탈무드, 입을 쓰지 않는다)

남을 비난하지 마라, 원수 만들기의 지름길이다. 특히 남의 자존심을 건드리면 상대는 영원히 잊지 않는다. 절대로 하지 마라.(비난과 권총 쏘는 원리, 손가락이 상대에는 두 개, 나에게는 3개) 남을 증오(몹시 미워함)하는 것은 자신의 마음에 상처를 내는 것 외엔 아무것도 남기지 않는다. 결국에는 자신을 병들게 하고 마음의 평온을 깨뜨리고 만다. 증오는 다른 사람을 향해 화살을 쏘아대지만 그 화살은 결국에는 자신을 향해 돌아올 뿐이다. 따라서 행복하려면 먼저 다른 사람을 사랑하고 용서하는 것이 그 무엇보다 선행되어야 할 조건이다.

상대가 100% 잘못을 했더라도 가까운 친구에게 그를 비난하면 언젠가 상대에게 전해진다. 그 날부터 둘 사이는 원수가 되고, 은혜를 베풀어주고 돈을 빌려주고도, 말 한마디 때문에 가해자로 둔갑해버리는 것이 오늘날 우리가 살고 있는 살벌한 세상이다.(대호 신홍일 사장)

중상자(中傷者)는 무기를 사용하여 사람을 해치는 것보다 더 죄가 무겁다. 무기는 가까이 가지 않으면 상대를 해칠 수 없지만 중상은 멀리서도 사람을 해칠 수 있기 때문이다. 중상이란 사실무근의 악명을 씌워 남의 명예를 손상시키는 일을 말한다.

험담을 하는 것은 살인보다도 위험하다. 살인은 한 사람밖에는 죽이지 않지만 험담은 반드시 세 사람을 죽인다. 험담을 퍼뜨리는 사람 자신, 그것을 반대하지 않고 듣고 있는 사람, 그리고 화제가 되어있는 사람.

물고기는 언제나 입으로 낚시에 낚인다. 인간도 역시 입으로 걸린다.〈탈무드의 머리, 중상 〉

인간에게는 여섯 가지의 필요한 부분이 있다. 그중 셋(눈, 귀, 코)은 자신이 지배할 수 없지만 셋(입, 손, 발)은 인간의 힘으로 지배할 수 있는 부분이다.

사랑하는 사람에게 상처를 주는 데는 단 몇 초밖에 안 걸리지만, 그 상처를 치유하는 데는 여러 해가 걸릴 수 있다. 때로는 영원히 치유되지 않는 경우도 있다. 무심코 내뱉은 말은 살아서 움직인다. 누군가의 가슴에 박혀서 영향력을 행사하는 것이다. 오늘 누군가에 무심코 건넨 친절한 말을, 당신은 내일이면 잊어버릴지도 모른다. 하지만 그 말을 들은 사람은 일생 동안 그것을 소중하게 기억할 것이다.

좋은 말 한마디는 천 냥 빚도 갚는다. 무심코 내뱉은 말이 씨가 된다. 시간이 지나면 반드시 씨가 발아해서 싹이 튼다. 풀로 자란 말은 무서운 결과를 가져오기도 한다. 말이 많으면 거기에는 쓸 만한 말이 적기 마련이다. 그래서 침묵을 금이라 한다. 미운 놈 떡 하나 더 주라는 속담은 심오한 인간관계 철학을 우리에게 가르쳐 주고 있다. 결코 가벼이 생각해야 할 속담이 아니다. 새겨, 명심해야 할 말이다. 미운 사람에게 더욱 잘 해야 한다는 말이다. 이렇게 하면 마음에 평화가 오고 이것이 내 마음에 천국을 만든다.

"한 사람의 벗을 잃더라도 한 명의 적을 얻지는 말자." "역지사지(易地思之)하는 마음으로 다른 사람의 입장에서 생각하면 아무리 미운 사람도 다 이해할 수 있게 된다." 이희범 전 무역협회장의 말이다. 그는 이 같은 오픈마인드로 다양한 분야에서 수많은 인적 네트워크를 쌓아왔는데 그의 인맥광산은 가히 '산맥' 수준이다. 상대방의 입장에 서보지 않고는 사람을 판단하지 말아야 할 것이다(랍비 힐렐)

대통령자리만 빼고 대한민국의 모든 관직을 다해본 사람이 있다. 그는 바로 한국군 군번 5번 정일권 전 총리, 그는 6·25때 33세로 국군 3군을 총지휘했으며, 탁월한 처세로 국무총리, 국회의장을 차례로 13년을 했다. 그는 평소 어느 자리에서나 '절대로 남을 욕하지 않았다'. 그리고 가능한 한 다른 사람들과 논쟁을 피했고 과묵했다. 평생의 생활신조가 1등보다는 겸손한 2등에 만족했다. 다른 사람을 칭찬할 때는 그 사람의 장점을 정확히 파악해서 누구나 공감하는 칭찬을 했다. 그가 측근에게 토로한 그의 처세론은 의외로 너무나 평범했다. 첫째 노력할 것, 둘째 인내가 곧 天才임을 명심할 것, 셋째 남한테 폐를 끼치지 말 것 이 세 가지였다.

우리가 살아가면서 침묵해서 이득이 된 경우는 많아도, 말을 많이 해서 이득이 된 경우는 그리 많지 않다. 지금 말하지 않은 것은 언젠가 말 할 수 있는 기회가 있기 마련이다. 그러나 한번 일단 내뱉은 말은 되돌릴 수 없다. 한번 해버린 말은 주워 담지 못하기 때문이다.

소니야 류보머스키 교수(미 캘리포니아대, 심리학)는 최근 출간한 '행복의 신화'란 책에서 다음과 같은 5분의 기적을 소개하고 있다. 그것은 상대에게 따뜻한 말 한마디, 그윽한 미소, 부드러운 눈길을 보내고, 귀 기울여 그의 말 경청하기, 등 두드려주기, 어깨 감싸기, 손잡기 등 그 5분의 비결은 이처럼 너무나 평범하고 간단하며 우리가 바로 실천에 옮길 수 있는 내용들이다.

불평은 사람을 퇴보시킨다

함부로 남을 충고하지 마라.

공자가어(孔子家語)에 있는 다음 구절은 우리가 살아가면서 반드시 참고해야 할 말이다. 좋은 약은 입에 쓰나 병에 이롭고, 충고의 말은 귀에 거슬리나 행하는데 이롭다.(忠言逆耳利於行 良藥苦口利於病) 가능한 한 충고는 하지 않은 것이 상책이다. 상대를 위해서 선의로 시작하지만 충고는 아무리 잘한다고 해도 본전이 되기 어렵다.

불가피하게 상대에게 충고해야 할 상황이라면 반드시 다른 사람들이 없는 장소에서 단둘이 만나서 하는 것이 좋다. 이 경우도 절대로 상대의 가장 아픈 아킬레스건(약점)을 건드려서는 안 된다. 키작은 사람에게 키, 가난한 사람에게 돈, 의리 없는 놈에게 의리, 사기꾼에게 사기꾼이라고, 도둑놈에게 도둑이라고, 카사노바에게 오입쟁이라고 얘기하면 큰일 난다. 역효과가 난다. 차라리 충고하지 않는 것보다 못하다.

불평, 현재의 위치를 만족할 수 없는 사람은 어떤 일에도 만족할 수 없다. 미국의 발명가 에디슨은 귀머거리가 되고도 불평 한마디 없이 오히려 연구에만 몰두할 수 있게 되었다고 감사했다. 불평은 감사를 빼앗고, 기도를 못 하게 하며, 은총을 단절시킨다. 불평은 의욕과 열성을 앗아가고, 정성을 뒤흔들어 일을 망치게 한다. 불평은 현재의 부정이며 자신에 대한 학대이며, 이웃에 대한 거부이며, 내일에 대한 포기이며, 하늘에 대한 모독이며, 버려야 할 쓰레기이다.

범사에 감사하라 그러면 나와 너, 우리가 변한다

당신에게 조금이라도 도움이 되는 일을 해준 사람들에게 반드시 감사하라. 진지하게 감사하라. 도와준 즉시 감사하라. 감사에도 타이밍이 중요하다. 타이밍을 놓치면 버스 지나간 뒤에 손을 드는 격이 된다.

몸이 아파도 감사하라. 아픔이란 당신이 현재 이 세상에 살아있다는 증거이다. 죽은 사람은 아프고 싶어도 아플 수 없다. 이 진리를 안다면 우리의 삶에서 감사하지 않을 일이란 아무것도 없다.

칭찬과 감사하는 마음을 가지고 우리들의 바람을 나타내도록 해야 한다. 감사하는 마음은 항상 우주의 창조력에 가깝기 때문에 만능의 잠재의식도 감응하기 쉽고 많은 은혜가 그런 마음을 가진 사람들에게 흘러가는 것이다. 감사는 기적을 만든다.

자녀가 다니는 학교 자기 반에서 성적 순위에서 꼴찌를 해도 감사하라. 꼴찌 뒤에는 아무도 없다. 이제 성적이 올라갈 일만 남았다. 빚이 있다고 움츠리지 말고 더 당 당하라. 빚도 재산이고 능력이다. 빚도 빚을 갚을 능력이 있는 사람만이 가질 수 있는 특권이다. 우리는 멀쩡한 두 다리가 있음에 감사해야 한다. 외다리로 목발의 도움으로 힘들게 걷는 사람도 많다. 눈과 귀가 있음에 감사하라. 이 세상에는 보지도 듣지도 못하는 사람이 백만 명이 넘는다. 내 옆을 지나가는 장의차를 보거든 감사하라. 먼저 이 세상을 떠나는 인생의 선배가 나에게 무언가 심오한 메시지를 보내고 있는 것이다. 도둑을 맞아도 감사하라. 목숨을 뺏기지 않은 것만 해도 다행이다.

감사할 줄 아는 사람은 비록 가난해도 풍요롭다. 만약 감사하는 마음이 나를 떠나면 돈이 아무리 많아도 거지나 다름이 없다.

우리의 일상생활에서 작고 사소한 일에 감사하자. 일상에서 매일 반복되는 것들, 아침에 눈을 뜨고, 밥을 먹고, 출근하고, 일하고, 친구를 만나고, 퇴근해서 가족들과 식사를 하면서 담소를 나누구 그리고 잠을 잘 수 있는 이런 일상적인 것들이 다 감사할 것들이다.

"제 성공 비결이 무엇이냐구요? 바로 '감사습관'이랍니다. 에미상 수상 2회에 빛나는 미국의 간판 방송 앵커 데보라 노빌이 그녀의 저서 〈감사의 힘〉에서 전하는 감사가 불러일으키는 놀라운 변화 10가지를 여기에 소개한다.

① 낙천적인 성격으로 변한다.

② 스트레스에 강해진다.

③ 배에 王자가 생기고, 몸이 S라인으로 변한다.

④ 숙면을 취할 수 있다.

⑤ 사물에 대한 열린 시각을 갖게 된다.

⑥ 유머감각이 생긴다.

⑦ 업무능력이 탁월해진다.

⑧ 주위로부터 평판이 좋아진다.

⑨ 인생의 목표가 뚜렷해진다.

⑩ 가족 관계가 돈독해진다.

"하루 한 가지씩 감사할 거리를 찾아보기로 결심했더니 황당하게도 진짜로 감사할 거리가 있지 뭐예요." 얼마 전 서울 종로구 서울대병원. 도서관 '함춘서제'에 병원에 입원 중인 환자 30여 명이 모여들었다. 강사는 〈지선아 사랑해〉로 알려진 작가 이지선(36)씨. 작은 체구의 그는 14년 전인 22세 때 교통사고로 몸의 절반 이상에 3도 화상을 입었다. 의사들은 물론 주위 많은 사람들이 살지 못할 것이라고 했다. 하지만 40번이 넘는 대수술을 견뎌내고 화상을 극복했다. 그녀는 현재 미국에서 사회복지학 박사과정을 밟고 있는데 일시 귀국한 기회에 연단에 선 것이다. 그녀는 여러 단체들로부터 초청을 받아 일주일에 서너 번 '희망'이란 제목으로 강연을 하고 있다. 그녀는 대형사고가 난 후 병원에서 오빠가 자신에게 마지막 작별 인사를 했던 일을 회상하며 말했다. "의사 선생님이 오빠한테 동생에게 작별인사를 하라고 했단다. 오빠는 울먹이며 제 귀에 '사랑하는 지선아, 잘 가라'고 했다. 하지만 나는 살아서 지금도 매일 아침 오빠와 '안녕'이라고 인사를 한답니다." 그녀는 강연회에 참석한 환자들에게 '하루 한 가지 감사하기'를 해보자고 제안한다. 처음으로 화장실까지 걸어간 일, 처음으로 환자복 단추를 내 힘으로 채운 일 등 사소한 것들에도 감사하다 보니 어느 날 중환자실에서 일반병실로 옮길 수 있었고 결국은 퇴원했다고 말했다.

한때 강원도 정선에서 살았던 된장 담그는 첼리스트 도완녀 씨는 된장을 숙성시키는 동안에 직접 첼로를 연주했다. 마당에 즐비한 된장 항아리에 그녀가 직접 연주하는 생음악을 들려주는 것이다. 이렇게 기도하는 마음과 정성을 쏟아 만든 된장은 맛과 영양이 풍부해 값은 비싸지만 날개 돋힌 듯 팔려나갔다. 일본의 한 제과회사는 과자를 만드는 과정에 모차르트 음악을 틀어주며 일을 한다고 한다. 이렇게 만든 이 회사의 과자는 최고의 품질로 고객의 입맛을 사로잡아 시장점유율 최고를 기록했다. 직원들은 과자를 만들 때 과자를 향해 "감사합니다"를 계속 외친다. 제품에 직원들의 행복한 마음과 정성을 불어넣은 행동이다. 과학자들은 식품도 사람의 말을 알아듣는다고 주장한다.

감사합니다, 미안해요, 사랑해요 이런 말을 자주하는 부부일수록 생활하는 하루하루가 천국이다. 이렇게 사는 부부는 여러 가지 어려움이 닥쳐와도 행복을 느끼게 된다.

필요하면 사과도 당당히 하라

인간은 신이 아니기 때문에 누구나 실수하기 마련이다. 그러나 대부분의 사람들이 인간관계에서 실수를 해도 가능한 한이면 "내가 잘못했다"는 말을 하지 않으려 한다. 부부싸움을 하고 이혼하는 부부들을 보면 끝까지 자기는 잘했고 상대가 잘못을 했고 주장한다고 한다. 허물이 없다고 결코 유능한 사람이 아니다. 인간이란 보다 적극적인 삶을 추구하다 보면 실수도 하기 마련이다. 이때 자신의 실수를 당당히 인정하는 것이 진정한 용기이다. "내가 잘못했다" 이 말 한마디가 당신을 성공하는 사람으로 이끄는 지름길이 될 수 있다.

06

긍정적으로 사고하라

말을 바꾸면 인격이 변하고 인격이 변하면 운명도 바뀐다

THINK POSITIVELY.

Develop a positive, pleasant, outgoing attitude. Be en-
thusiastic. Smile.

긍정적이고, 기쁘고, 사교적인 태도를 개발하라. 열성적으로 되
라 그리고 늘 웃어라.

– 성경, 명언, 속담 등에 나타난 긍정의 힘
긍정적인 말을 하면 소망을 이루지만 부정적인 말을 하면 실
패를 되풀이된다.

승자는 구름 위에 태양을 보고 패자는 구름 속에 비를 본다.

승자는 넘어지면 일어서는 쾌감을 알고 패자는 넘어지면 신세를 한탄한다.

승자는 더 나은 길이 있을 것이라 생각하고 패자는 갈수록 태산일 것이라 생각한다.

길을 걷다가 돌을 보면 패자는 그것을 걸림돌이라고 하고 승자는 그것을 디딤돌이라 한다.

컵에 담긴 물 반 컵을 보고도, 긍정적이 사람은 아직도 반 컵이 남았다고, 부정적인 사람은 반 컵밖에 안 남았다고 생각한다.

밉게 보면 잡초 아닌 풀이 없고, 곱게 보면 꽃 아닌 사람이 없으되 그대를 꽃으로 볼 일이 로다.(정약용, 목민심서)

좋은 일을 생각하면 좋은 일이 생기고 나쁜 일을 생각하면 나쁜 일이 생긴다.

불이 나면 꺼질 일만 남았고 상처가 나면 아물 일만 남았다.

3%의 소금이 바닷물을 썩지 않게 하듯 긍정적인 사고는 인생을 썩지 않게 한다.

항상 기뻐하라(데살로니카 전서 5장:16절). 쉬지 말고 기도하라(데살전 5장:17절). 범사에 감사하라(데살전 5;18). 내게 능력 주시는 자 안에서 내가 모든 것을 할 수 있느니라.(빌 4장;13절)

마음은 스스로의 터전이다. 그 안에 지옥을 천국으로, 천국을 지옥으로 만들 수 있다.〈인간관계론〉

등산을 할 때도 한 발자국 한 걸음 옮길 때마다 "나는 행복하다"를 마음속으로 읊조리면 행복의 지수가 점점 올라간다고 한다..

말을 바꾸면 인격이 변한다. 말을 바꾸면 운명도 변한다. 말은 그 사람의 운명을 운전하는 운전대이다. 긍정적이 언어를 쓰는 사람은 어디서나 일이 잘 풀리고 부정적인 언어를 쓰는 사람은 되는 일이 없다. "망했다, 망했어." "속상해 죽겠다, 배고파 죽겠다, 짜증 나 죽겠다"라고 말하는 사람은 실제로 말대로 되고 만다.(이봉원, 금승호)

말에서 강력한 에너지가 분출한다. "사랑합니다" "감사합니다" "좋아졌다" 이런 에너지 언어를 사용하면 일이 저절로 슬슬 풀린다. 말은 자력의 에너지이기 때문이다.

입원을 축하합니다. 아픈지도 모르고 있다가 죽는 사람도 많습니다. 병은 나를 해치려고 온 것이 아니라 나에게 깨우침을 주려고 온 것이기 때문입니다. 그러기에 축하하는 것입니다.

자기의 잠재의식에 항상 밝고 희망과 기대에 찬 말을 들려주자.

그렇게 말을 하면 당신의 상태를 밝게 해주고 희망과 기대가 현실의 것으로 되도록 독자적으로 작용하기 시작한다. 잠재의식을 배라고 한다면 당신이 의식하는 마음은 선장이다. 40만 톤이 넘는 대형유조선이라도 선장의 지시 하나로 방향을 바꾼다.

인디언들의 금언에는 "어떤 말이든 만 번 이상 반복하면 반드시 미래에 그 일이 이루어진다"는 말이 있다. 이처럼 긍정의 말을 반복하면 결국에는 꿈은 이루어진다는 것이다.

항상 열성적으로, 긍정적으로 생각하고 행동하라. 즐거운 태도를 지녀라, 웃어라. 열정적으로 행동하면 열정적으로 변한다. 긍정적으로 생각하면 긍정적인 결과를 얻는다. 전화를 걸 때에도 너 자신이 먼저 웃는 훈련을 하라. 왜냐하면 당신이 말할 때 짓는 미소는 상대에게 눈으로는 보이지 않지만 전화선을 타고 상대방에게 전달되기 때문이다. 당신의 생각과 행동을 바꾸는 일은 가능한 일이다. 당신은 의식적이든 무의식적이든 당신의 생각을 컨트롤 할 수 있다. 때문에 인간의 행복은 사물을 바라보는 방식 여하에 달려있다.

어떤 어려움과 절망도 이겨낼 수 있다는
의지와 믿음이 긍정의 힘이다

'긍정의 힘'은 어떤 어려움과 절망도 이겨낼 수 있다는 의지와 믿음이다. 우리는 항상 자신의 처지를 탓하기에 앞서 긍정적인 마음으로 현실을 바라보며 노력해나가야 한다. 긍정의 힘을 설명하는 '플라세보(placebo)효과'라는 말이 있다. 의학적으로 효과가 없는 가짜 약을 진짜 약이라고 속여서 환자에게 복용시켰을 때, 환자의 병세가 호전되는 현상을 말한다. 인간이 가진 '긍정의 힘'이 작용하여 이런 효과가 나타나는 것이다. 반대로 '노세보(nocebo)'라는 용어가 있는데 아무리 좋은 약이라도 환자가 부정적인 생각을 하면서 먹으면 아무런 효과가 없거나 심지어는 해로운 영향을 끼친다는 뜻이다. 우리의 생각이나 신념이 얼마나 중요한지를 알려주는 귀중한 말이다.

반대로 부정적인 사고의 위험에 대한 사례를 들어보자. 1950년

대 포르투갈산 포도주를 운반하는 한 화물선에 타고 있던 한 선원이 스코틀랜드의 한 항구에서 짐을 내린 뒤 냉동 창고에 갇혀버렸다. 얼마 후 선원들이 냉동 창고의 문을 열었을 때 창고 안의 선원은 이미 숨을 거둔 상태였다. 냉동 창고 냉동실 벽에는 그가 쇳조각으로 새겨놓은 글이 발견되었다. "냉동실에 갇혔으니 이제 난 오래 버티지 못할 거야"라는 문구와 함께 찬 공기에 몸이 서서히 얼어가는 과정까지 적어놓았다. 사람들은 그것을 보고 깜짝 놀랐다. 냉동 창고의 냉동장치는 가동되지 않는 상태였고 창고의 온도계는 섭씨 19도를 가리키고 있었기 때문이었다. 뿐만 아니다. 냉동 창고에는 장기보존용 비상식량도 비치되어 있었다. 선원을 죽음에 이르게 한 것은 죽을 만큼의 추위나 배고픔이 아니라 죽게 될 것이라는 부정적인 생각과 그로 인한 두려움이었다.

서울 시내 어느 먹자골목에 라면 가게 두 개가 있었다. 한 가게는 손님들이 줄을 서서 기다리는 대박집인데 다른 하나는 파리를 날리고 있었다. 왜 이럴까? 하도 이상해서 마케팅 전문가가 그 원인조사에 착수했다. 그런데 그 조사 결과는 너무나 간단했다. 실패 가게는 종업원이 반갑게 손님에게 인사하며 먼저 "손님! 라면에 계란을 넣을까요, 넣지 말까요?"라고 질문을 던졌다. 손님들은 거의 넣지 말라고 대답했다. 성공 가게도 반갑게 손님에게 인사하는 모습은 똑같았다. 그러나 종업원이 손님의 의견을 묻는 질문은 전혀 달랐다. "손님! 계란을 하나 넣을까요, 아니면 두 개 넣을까요?" 이 질문에 계란을 넣지 말라는 손님은 찾아보기 힘들었다. 이 질문에는 이미 계란을 넣는다는 긍정이 이미 깔려있었던 것이다. 전문가들은 이처럼 작고 사소한 차이 즉 손님에게 던지는 긍정과 부정적 말 한 마디의 차이가 가게의 성패를 좌우한다는 사실을 찾아냈다.

　어느 화창한 봄날, 한 남자가 뉴욕의 세계적인 명소 센트럴 파크(대공원)에서 부랑자 한사 람을 만났다. 그 부랑자는 'I am blind'라고 적힌 팻말을 목에 걸고 구걸을 하고 있었다. 지나가는 사람들은 누구도 그에게 적선을 하지 않았다. 그런데 어느 말 한 남자가 부랑자에게 다가갔다. 그리고 부랑자가 목에 걸고 있던 글의 문장을 바꾸어 놓고 그 자리를 떠났다. 얼마 후 부랑자는 이상한 낌새를 눈치챘다. '이거 이상한데?' 그 남자가 오고간 뒤 갑자기 적선해주는 사람이 많아졌어!. 적선 통에는 순식간에 동전이 쌓였다. 그 남자는 마법사일까? 사실은 그 남자는 'I am blind'라는 팻말의 문장을 이렇게 바꿔놓았다. "Spring's coming soon, But I can't see it." 바야흐로 봄은 오고 있으나 나는 볼 수가 없답니다. 부랑자에게 기적을 창조해 준 그 남자는 바로 프랑스의 시인, 앙드레 불톤이었다고 한다.

　세계적인 저술가요, 교육자인 미국의 조셉 머피 박사가 발표한 잠재의식의 기적을 활용해서 기적적으로 외과의사가 되는데 성공한 한 청년의 성공스토리를 소개한다. 주인공인 이 외과의사는 영국 웨일즈에서 광부의 아들로 태어났다. 아버지가 탄광 노동자였기 때문에 이 소년은 맨발로 학교에 다닐 정도로 집안이 가난했다. 어느 날 이 소년은 외과의사의 수술로 친구의 병이 치유되는 것을 보고 감격하여 아버지에게 장차 자기도 외과의사가 되고 싶다고 말했다. 그러자 아버지는 얼마 전 술집에서 친구들로부터 주워들은 머피 박사의 얘기를 떠올리면서 아들에게 이렇게 대답했다. "아버지는 이미 너를 위해 25년간 저축을 해서 지금 3천 파운드의 돈을 은행에 저축해 놨다. 이것은 너의 교육을 위해 준비한 것이기 때문에 너의 의학공부가 끝날 때까지 손을 대지 않고 두는 게 좋겠다고 생각한다. 학업이 끝나면 허리로(런던의 일류병원이 모여 있는 유명한 거리) 같은 곳에 훌륭한 병원을 개업하는 데 쓰는 게 좋겠지?. 그동안 이자도 늘어날 테고, 네가 돈이 필요할 때 언제든지 써도 좋겠지." 그 아들은 그 돈을 개업할 때까지 손을 대지 않기로 아버지와 약속하고 열심히 공부해서 의과대학에 진학, 아르바이트를 하면서 의과대학을 졸업했다. 그의 졸업식 날 졸업 축하 가족 만찬장에서, 아버지는 놀랍게도 아들에게 "사실은 은행에는 저축한 돈이 한 푼도 없다. 아버지는 거짓말을 했다. 미안하다고. 그러나 너에게 그 말을 들려줌으로 써 네 마음속에서 무한한 금광을 찾아내기를 소망했던 것이다"라고 털어 놓았다. 아들은 정말 깜짝 놀랐다. 하지만 3천 파운드가 있다고 마음속에 굳게 믿었던 아들은 실제 그 돈이 은행에 저금되어 있다고 확신하고 개업의사가 되기 위해 전력투구를 한 것이다. 그의 긍정의 힘이 엄청난 위력을 발휘해서 그를 의사로 만든 것이다. 이것이 바로 머피 박사의 잠재의식이 기적을 창조한 원동력이었다.

미국의 AT&T 직원들은 세계 최초로 휴대전화 기술을 개발했다.

그러나 당시 직원들은 "설마 이런 물건을 사람들이 주머니 안에 넣고 다니겠어?" "누가 과연 길거리를 걸으면서 전화를 하고 싶어 할까?"라고 생각했다. 그래서 회사의 오너는 다른 기업에 싼값에 휴대전화 기술 라이선스를 팔아버렸다. 바로 모토로라에! 기술을 산 모토로라는 이 라이선스를 바탕으로 전혀 새로운 산업을 창조해 내는 데 성공했다. 그것이 바로 핸드폰이다. 똑같은 기술을 두고도 두 회사는 서로 다른 미래를 본 것이다. 하나는 '불가능'을, 다른 하나는 '가능'을 본 것이다.

한국에서 대표적인 긍정주의자를 찾는다면 단연 현대그룹 창업자 정주영 회장이다. 정 회장은 모두가 불가능하다고 생각한 일을 가능으로 만들어 놓은 위대한 경영자였다. 서해안 서산 간척사업 공사, 산에서 흙을 퍼다가 바다를 메우려고 시도했지만 번번이 빠른 조수에 밀려 흙은 계속 떠내려가 버렸다. 직원 모두가 손을 들고 포기상태였다. 이때 정 회장은 한 선박회사가 버린 폐유조선을 공사현장에 끌고 와 배에 물을 채워 물막이 공사에 투입해서, 물막이하는 데 성공했다. 정 회장의 이 기발하고 긍정적인 아이디어가 한국 건설사에 새로운 지평을 열었고 이 서산간척사업공사는 우리나라의 지도를 바꿔 놓았다. 수천만 평의 새 국토가 생겨났고 우리 후손들이 영원히 농사를 지을 수 있는 농토가 마련된 것이다. 무엇보다 전국에서 공장 지을 땅이 바닥이 난 현재 이 광대한 땅은 장차 산업기지로 사용하는데 더없이 귀중한 자산으로 활용될 것으로 예상된다.

우리 마음 속에 도사리고 있는 부정의 점 하나를 빼고 긍정의 점 하나를 더 찍자.

우리 사회에서 4.5인생이라고 하면 항상 바닥을 기는 하류계층이다 그러나 4.5인생에서 점을 하나 빼면 45 즉 슈퍼스타가 된다. 최근 뽕짝에서 유행하고 있는 '남'이란 노래를 한번 보자 이 남이라는 글자에서 점하나를 빼면 '님'이 된다. 우리의 사회적 지위를 나타내는 '돈'이라는 단어에서 밑받침 한 글자만 바꾸면 '독'이 되기도 하고 '돌'이 되고 마는 세상이다. 빚 때문에 고통을 받고 있습니까? '빚'이란 단어에서 'ㅈ'에 점 하나를 찍어 '빛'으로 바꿔 가는 긍정적 인생을 살아야 한다. 우리가 일상 쓰는 말에서 '안 돼'를 '돼'로 바꾸고 '틀렸어'를 '틀림없어'로 바꿔보자. '자살'이란 단어를 뒤집으면 '살자'가 된다.

바꾸면 긍정적 파장이 우리 마음에 가득 차게 된다. 긍정적인 언어를 쓰는 사람들은 어디에서나 일이 잘 풀리고, 부정적인 언어를 사용하는 사람들은 부정한 일만 생기고 되는 일이 없다. 성공한 사람들을 조사해보면 이들은 언제나 100% 긍정적 언어를 쓴다.

컴퓨터의 자판을 보자. 키 하나만 누르면 세상이 달라진다. Nowhere(아무데도 ~ 않다) → Now Here가 되고, Impossible(불가능하다)에 점 하나를 찍으면 → I am possible(나는 할 수 있다)로 변한다.

행복은 세상을 바라보는 긍정적인 틀이다

긍정적인 생각 없이는 우리는 한순간도 행복해질 수 없다. '힘들다'라는 말을 '힘이 들어 죽겠다'라고 해석하는 사람이 있는가 하면 '힘이 들어 온다'라고 생각하는 사람도 있다. 마찬가지로 '짜증난다'도 '짜증이 나간다'로 해석하면 얼마든지 행복해질 수 있다.

인천 부평역 근처에 있는 YG-1회사 송호근(60) 사장, 그의 사무실 책상에 놓인 작은 팻말에는 다음과 같은 좌우명이 쓰여 있다. "Be Positive, Yes!-Yes!-Yes!

숯과 다이아몬드는 탄소라는 원소로 되어있다. 똑같은 원소로 구성되어 있으나 하나는 아름다움의 상징인 다이아몬드가 되고, 다른 하나는 보잘것없는 검은 숯덩어리가 된다. 인간에게는 하루 24시간이라는 원소가 있다. 이 원소로 숯을 만드느냐, 다이아몬드를 만드느냐는 당신에게 달려있다. 성공한 사람들은 '하루 24시간'이라는 원소를 잘 다듬어 자신의 삶을 다이아몬드로 만든 이들이다.

〈세계적인 영웅 칭기스칸의 리더십 혁명〉(김종래 저, 2006년)을 소개한다.

집안이 나쁘다고 탓하지 말라. 나는 어려서 아버지를 잃고 고향에서 쫓겨났다. 어려서는 이복형제와 싸우면서 자랐고, 커서는 사촌과 육촌의 배신 속에서 두려워했다. 가난하다고 말하지 말라. 나는 들쥐를 잡아먹으며 연명했고 부족장이 된 뒤에도 가난한 백성들을 위해 적진을 누비며 먹을 것을 찾아다녔다. 나는 먹을 것을 훔치고 빼앗기 위해 수많은 전쟁을 벌였다.

작은 나라에서 태어났다고 말하지 말라. 내가 세계를 정복하는 데 동원된 몽골인은 병사로는 고작 10만, 백성으로는 어린애, 노인까지 합쳐 2백 만도 되지 않았다. 배운 게 없다고, 힘이 없다고 탓하지 말라. 나는 글이라고는 내 이름도 쓸 줄 몰랐다. 대신 나는 남의 말에 항상 귀를 기울였고, 나는 힘이 없기 때문에 평생 친구와 동지들을 사귀었다.

너무 막막하다고, 그래서 포기하겠다고 말하지 말라. 나는 목에 칼을 쓰고도 탈출했고, 땡볕이 내리쬐는 더운 여름날 양털 속에 하루종일 숨어 땀을 비 오듯이 흘렸다. 나는 사랑하는 아내가 납치됐을 때도, 아내가 남의 자식을 낳았을 때도 눈을 감지 않았다. 숨죽이는 분노가 더 무섭다는 것을 적들은 알지 못했다. 뺨에 화살을 맞고 죽었다 살아 나기도 했고 가슴에 활을 맞고 꼬리가 빠져라 도망친 적도 있다. 나는 전쟁을 할 때엔 언제나 죽음을 무릅쓰고 싸웠고 그래서 마지막에는 반드시 이겼다.

나는 전쟁에 져서 내 자식과 부하들이 뿔뿔이 흩어져 돌아오지 못하는 참담한 현실 속에서도 절망하지 않고 더 큰 복수를 결심했다. 숨이 끊어지기 전에는 어떤 악조건 속에서도 포기하지 않았다. 숨을 쉴 수 있는 한 희망을 버리지 않았다. 나는 흘러 가버린 과거에 매달리지 않고 아직 결정되지 않은 미래를 개척해 나갔다. 알고보니 적은 밖에 있는 것이 아니라 내 안에 있었다. 그래서 나는 그 거추장스러운 것들을 깡그리 쓸어버렸다. 나 자신을 극복하자 나는 칭기스칸이 되었다.

미국의 닉 부이치치라는 사나이는 '테크라 아멜리아 증후군'에 걸려 태어날 때부터 팔다리가 없었지만, 그 누구보다 행복하게 살고 있다. 사지(四肢)가 없는데도 스케이트보드를 타거나 서핑을 하고, 드럼도 연주한다. 그는 어떻게 이 모든 것을 할 수 있었을까?. 실제로 그는 학교나 사회에서 왕따와 놀림을 당하며 자살까지 생각한 적도 있었다. 하지만 그는 긍정적인 마음과 의지로 이를 극복했다. 결국 중요한 것은 우리의 처한 현실이나 환경이 아니라 '마음가짐'이란 것을 보여준 대표적인 사례의 하나다.

문이 고장 나 하루 동안 방에 갇힌 화가, 스스로 나가지 않을 땐 문제 없지만, 못 나가게 되자 불안 속에서 죽어갔다는 소설의 내용이다.(이범선의 〈고장 난 문〉)

2006년 10월 강영우 박사는 한국인 최초로 미국대통령 집무실 백악관에서 연설을 했다. 당시 조지 부시 대통령은 강 박사를 "명예로운(The Honorable) 강영우 박사"라고 칭하면서 그가 역경을 이겨낸 성공에 찬사를 보냈다. 그는 한국인으로는 미국 정부 최고위 직인 백악관 국가장애위원회 차관보였다. 이 자리는 미국 상원의 인준을 받는 고위직으로, 군인으로 치면 4성 장군급에 해당한다. 그는 연세대 문과대학을 차석으로 졸업하고 국제 로터리 재단 장학생으로 미국에 유학, 76년 피츠버그 대학에서 3년 8개월 만에 교육학 석사, 심리학 석사, 교육철학 박사학위를 받은 한국인 최초의 장애우이다. 그는 연세대 재학 중 한 행사장에 자원봉사를 나왔던 여대생으로, 그의 인생의 등불이 되어준 부인 석은옥(石銀玉) 여사를 운명적으로 만났다. 연상인 그녀는 그 후 자원봉사로 1년, 누나로 6년, 약혼자로 3년을 지내고 강 박사의 성공을 내조해서 명문가를 일궈 낸 반려자가 되었다. 슬하에 두 아들을 두었다. 큰아들은 하버드대를 졸업하고 조지타운 대 안과교수로 재직하면서 역대 미국대통령을 진료해온 '워싱턴 안과의사연합' 8인 멤버 중의 한 사람이었고 워싱턴 포스트가 선정한 2011년 최고의 의사 '슈퍼 닥터'로 선정되었다. 둘째 아들은 변호사로 미 민주당 원내총무실의 최연소 수석법률비서관을 거쳐 한때는 백악관 선임법률고문으로 활동하고 있었다. 강영우 박사는 중학교 3학년 때 축구경기에서 골키퍼를 하다가 친구가 찬 공에 눈을 맞아 실명했다. 어머니는 충격으로 8시간 만에 뇌졸중으로 돌아갔고 아버지는 이미 3년 전에 타계했다. 졸지에 가장이 된 누나는 서울 평화시장 봉제공장에서 일하다 과로로 숨졌다. 그로부터 13세 남동생은 철물점 점원으로, 9세 여동생은 고아원으로, 그는 맹인재활 센터로 가야했다. 이 같이 처참한 환경 속에서도 그는 "저는 나쁜 일이 생기면 미래에 더 좋은 일이 생긴다는 긍정적인 생각을 가지고 늘 살아왔다"고 술회했다. 말년에 췌장암 1개월 시한부 인생을 선고받은 그는 암보다 깊은 병은 포기다. 부정적인 생각으로 자기 자신을 포기하는 게 가장 나쁘다. 긍정과 부정은 컴퓨터 자판의 '스페이스 바' 하나 차이다. 'Nowhere(어디에도 돌파구가 없다)'에서 스페이스 바 하나만 치면 'Now here(바로 여기)'로 바뀐다. 끝이라고 생각하면 끝이지만,

지금 여기라고 생각하면 기회가 된다. 그는 삶과 죽음은 하나님이 아시고 결정하는 것이라고 믿고 있었다. 죽음은 나쁜 게 아니고 아름다운 세상으로 가기 위한 하나의 과정이라고 생각하는 사람이었다. 그는 68세에 세상을 떠났다.

고환암을 극복하고 세계 최고의 도로 일주 사이클 대회인 '투르 드 프랑스'를 7연패한 인간 승리의 상징 랜스 암스트롱(36 미국)은 2007년 한국을 방문했을 때 기자회견에서 "긍정적인 자세를 가져야 한다. 내가 그랬던 것처럼 여러분들도 절대로 포기해서는 안 된다" 강조했다.

2007년 9월 미국 카네기 멜런대의 피츠버그 캠퍼스 랜디 포시(47 컴퓨터공학)가 강단에 섰다. 의사로부터 삶이 몇 개월 남지 않았다는 시한부 판정을 받은 췌장암 환자가 그의 마지막 강의를 하기 위해서였다. 인터넷을 통해 중개되어 세계 500만 시청자들을 울린 강의에서 그는 절대 포기하지 말라, 감사하는 마음을 보여주어, 준비하라. 행운은 준비가 기회를 만날 때 온다고 강조했다.

중국 최대 온라인쇼핑몰 알리바바 창업자 마윈 회장은 2013년 12월 10일 서울대 근대법학교육 100주년 기념관에서 대학생 500명을 상대로 행한 강연에서 "열 번 거절당해도 다시 도전하라. 절대 포기하지 마라. 미쳐야 산다"고 강조했다. 그는 미국 하버드에 입학하기 위해 열 번이나 도전했으나 다 떨어졌던 인물이다. 그는 1999년 설립한 알리바바는 14 년 만에 연 매출 170조 원을 내는 글로벌 IT기업으로 성장했고 현재 중국 이 커머스(e-commerce)

시장 70% 이상을 점유하고 있다. 조만간 미국의 이 베이 아마존과도 어깨를 견줄 것으로 평가되고 있다.

〈누가 내 치즈를 옮겼을까?〉의 저자이며 리더십 연구의 권위자 스펜서 존슨 박사는 미국 서던 캘리포니아 대학에서 심리학을 전공하고 아일랜드로 건너가 왕립외과대학을 졸업했다. 의사가 된 그가 환자들을 치료하는 과정에서 특이한 현상을 발견하게 되었다. 유독 병원을 자주 찾아오는 환자들은 꾀병은 아닌데 계속 다치거나 아파서 병원을 들락거린다는 것이다. 그들에게는 공통점이 있었다. 그들은 가족은 물론 무엇에 대해서도 매우 '부정적인 사고방식'을 가지고 있었다는 것이다. 단순히 통증을 치료하는 것으로는 부족하고 마음속에 뿌리 깊게 자리 잡은 부정적인 사고를 긍정적으로 바꿔야 완치될 수 있다는 것을 발견하게 되었다. 박사는 그의 저서 〈선물〉에서 세상에서 가장 소중한 선물은 바로 지금 '이 순간'이고, 지금 자신이 하고 있는 일에 완전히 몰두할 때 행복해진다고 말했다. 그러면서 "이 순간을 즐기자"고 강조한다.

미국의 철강 왕 카네기의 사무실, 그의 회장실 벽에는 허름한 그림 액자 하나가 걸려있다. 썰물 때 백사장에 처박혀있는 낡은 나룻배 한 척과 노 하나만 놓여 있는 황량하고 초라한 풍경화다. 왜 이런 그림을 재벌 회장실에 걸어 놓았을까. 그것은 그림 밑에 적혀있는 글귀 때문이었다. "반드시 밀물은 밀려오리라. 그날 나는 바다로 나아가리." 그가 끼니를 걱정하며 세일즈맨을 하던 젊은 시절 어느 날 한 노인의 집에서 이 그림을 만나게 되었다. 너무나 평범한 글귀를 보고 감동해서 그 자리에서 그림을 구입했다. 그 짧은 글귀는 그날 이후 일생 동안 그의 생활신조가 되었다. 지금 당당 힘들고 고통스러운 현실일지라도 우리 인생에는 언젠가는 반드시 밀물이 밀려올 날이 있기 마련이다. 그때까지 우리는 결코 희망의 끈을 놓아서는 안 된다. 가슴 속에 희망을 품고 있는 한 반드시 밀물은 나에게 밀려올 것이다.

친구 세 사람이 어느 주말 산행을 했다. 산행 중에 작은 절간 옆을 지나게 되었다. 깊은 산속 허름한 한 산사(山寺), 이 절의 벽은 금이 가고 홈이 파여 있었는데 이 벽에 힘겹게 살아가는 거미 한 마리가 있었다. 마침 이날 거미가 며칠 전 세찬 비바람에 찢어진 거미줄을 힘겹게 수리하고 있었다. 이 거미를 보고 첫 번째 친구는 한숨을 내쉬며 "아이고 내 인생이 꼭 저 거미와 같구나"하고 탄식을 했다. 두 번째 친구는 "정말 멍청한 거미네. 나는 저렇게 멍청하게 살지 않을 거야"라고 말했다. 그러나 세 번째 친구는 보는 눈이 달랐다. 여러 번 거미줄을 잇는데 실패하는 거미를 보고 "정말 포기하지 않는 끈기 있는 거미야. 나도 저런 정신만 있다면 반드시 성공할 거야"하며 격려의 말 한마디를 던졌다. 그로부터 10년 후 세 사람의 삶은 확연히 달라져 있었다". 첫 번째 친구는 평생 신세 한탄만 하는 패배주의자로 살고 있고 두 번째 친구는 변화에 대처하는 현실주의자가 되어 있었으며 세 번째 친구는 좌절과 실패를 두려워하지 않는 강인한 정신을 소유한 장래가 유망한 사람이 되어 있었다.

우리의 마음의 수도꼭지에는 한쪽에는 부정적인 감정이 다른 한 쪽에서는 긍정적인 감정이 흘러나온다. 차가운 물이 나오는 꼭지를 잠근다고 해서 따뜻한 물이 나오는 것은 아니다. 따뜻한 물이 나오는 꼭지를 열어야 따뜻한 물이 나온다.

부정적 생각에서 긍정적 생각으로 구두의 코를 돌려놓으면 누구나 달라진 인생을 경험할 수 있다. 자신의 생각에 따라 인생이 180도 달라진다. 3%의 소금이 바닷물을 썩지 않게 하듯이 긍정적으로 생각하려는 작은 노력이 인생의 바다 역시 썩지 않게 만들어준다.

오늘 아침 안개가 많이 끼어 앞이 잘 안 보인다. 이럴 때 멋있다고 생각하는 이가 있는가하면 어떤 이는 운전하기도 어려워서 빨리 걷히기를 바라는 이도 있다. 같은 현상을 어떻게 보느냐에 따라 행복도 바뀐다. 긍정적으로 살자. 그래야 행복해진다.

인류가 발견한 최고의 깨달음은 인간은 자신의 태도를 바꿈으로 말미암아 자신의 인생을 바꿀 수 있다는 것이다. 태도를 바꾼다는 말은 삶을 바라보는 자신의 관점을 바꾼다는 말이다. 관점, 태도, 자세, 삶의 철학 등 다양한 이름으로 불리는 것을 심리학에서는 프레임(Frame)이라고 부른다. 똑같은 상황도 관점을 달리하면 다르게 보인다.

07

다른사람과 나 자신을 차별화하라

다른 사람과 차별화하라

BE DIFFERENT.

Be creative. Use your imagination. Open your mind.

극단적으로는 남들과 반대로 생각하고 반대로 행동하라. 남이 팔 때 사고, 살 때 팔아야 한다. 남이 동으로 갈 때 나는 서로 가는 다름이 있어야 성공한다. "꺼진 불도 다시 보자" 소방서의 슬로건이다. 그러나 세상 모든 사람들이 불이 꺼졌다고 생각하고 방치하더라도 나는 꺼진 불이라고 우습게 보지 말아야 한다. 불씨는 어느 순간 순식간에 되살아날 수 있다.(이자헌의 사례, 〈김종필 총리〉)

오롯이 차별화가 성공의 열쇠가 되었다.

차별화로 성공한 사례들을 소개한다.

미국 중남부 오클라호마주 에드먼드 시내에 위치한 카페 '올어 바웃차'(茶)는 작설차를 비롯한 한국 차를 주 메뉴로 판매하는 한 국내 토종 브랜드다. 이곳의 한 달 매출은 5000만-6000만 원, 미 국커피시장의 상징과도 같은 스타벅스 등 커피전문점 13개가 나 란히 위치한 시내 한복판에서 한국인 점주는 놀랍게도 한국 차로 '대박'을 터뜨렸다. 한국의 한 카페가 스타벅스의 나라 미국에서 성 공할 수 있었던 비결은 과연 무엇일까?. 그 비결은 바로 "남을 따라 하지 말라". "서두르지 말고 내실을 다져라"였다. '올어바웃차' 박철 민(43) 대표는 고객들에게 동양적 신비감을 주기위해 제품소개 메 뉴판을 한국어로 채택했다. 실제 이 카페에선 '스위트 포테이토 라 테'가 아니라 '고구마(goguma) 라테'로 표시한다. 유자 레몬 블랜 드, 미숫가루 라테 등 다른 메뉴 이름들도 한국어 발음을 그대로 영어로 표기해 쓴다. 고객이 주문하고 자리에 앉아 있으면 점원이 차를 가져다주는 '하프(Half, 절반) 서빙제'도 도입했다. 스타벅스의 '셀프서빙'과 차별화하기 위한 전략이다. 스타벅스보다 가격은 20-30% 비싸지만 고객들이 거부감 없이 받아들였던 것은 이 덕분이 었다. 미국 카페와는 달리 티백 제품을 전혀 쓰지 않는 것도 성공 포인트이다. 대부분 커피전문점에서 차를 시키면 뜨거운 물에 티 백을 넣어 제공한다. 하지만 올어바웃차에서는 고객으로부터 주문 을 받은 뒤 찻잎을 꺼내는 작업부터 시작한다.

프랑스에 진출해서 성공한 우리나라 한 합기도 사범을 소개한다. 그는 제자들에게 무술에서 핵심인 기술보다 부모에 효도, 스승과 선배에 대한 예의 등 정신적인 면을 강조하는 한편 프랑스 무도관에서 당연히 불어로 무술을 가르쳐야 하는데 한국 사범은 무술의 모든 동작 구령은 한국어로 가르친다. 여기에 운동을 시작할 때 한국에서 공식행사 때나 행하는 식순처럼 국기에 대한 경례를 하는 등 한국식 차별화로 유명한 합기도 도장을 만드는 데 성공했다.

　여성의류, 가방, 화장품 등으로 세계적인 명품으로 유명한 브랜드 '샤넬'은 패션 디자이너 코코 샤넬(본명 가브리엘 샤넬 1883-1971)이 설립한 회사이다. 코코 샤넬은 작은 다락방 의상실에서 시작했다. 어머니를 일찍 여의고 수녀원이 운영하는 보육원에서 자란 샤넬은 10대 후반부터 혼자 힘으로 돈을 벌기 시작했다. 바느질 솜씨가 좋아서 의상실에 취직한 그녀는 상류층 여성 옷을 만들거나 수선하면서 곧 자기 가게를 꾸리게 되었다. 가난한 무명 디자이너였지만 샤넬의 디자인은 무척 과감했다. 당시 여성들은 치렁치렁한 긴 치마를 꽉 졸라맨 허리로 여성스러움을 강조한 옷을 입었는데, 샤넬은 이런 옷은 남성의 눈에 아름답게 보이기 위한 디자인이라고 생각했다. 그래서 여성을 위한 활동적이고 편한 옷을 만들기 시작했다. 치렁치렁한 치맛단과 장식을 없애고 '단순함'에서 나오는 아름다움을 가미했다. 특히 허리를 꽉 조여 매던 속옷 코르셋에서 여성을 해방시킨 그녀의 디자인은 패션 역사에서 '혁명'이라 할 정도로 대단한 변화였다. 남들과 반대의 발상으로 패션계를 평정하는 데 성공한 모델 케이스의 한 사례이다.

미국 미시건대 풋볼팀의 전설적인 감독 Bo Schembechler는 위대한 인생을 산 인물이다. 그는 풋볼계의 전설적인 리더로 불린다. 감독 재직 중에 무엇보다 탁월한 성과를 이뤄냈기 때문이다. 그는 감독직을 맡은 1969년부터 은퇴한 1989년까지 20년 동안 234승, 승률 85%라는 대기록을 세웠다. 그는 언제나 선수들과 동고동락했다. 그가 내세운 대표적인 룰은 시간 엄수, 팀워크였다. 시간을 지키지 않거나 팀워크를 해치는 선수는 가차 없이 내쳤다. 그리고 목표를 세웠다. 선수들이 매일 눈을 뜰 때 잠자리에 들 때 그 목표를 읽고 되새기게 했다. 훈련은 실전처럼 시켰다. 그는 풋볼에 미쳐 평생을 보냈다. 그는 이렇게 말했다. "내가 하는 일을 한낱 밥벌이 수단으로 여기면 남들도 나의 일을 한낱 밥벌이 수단으로밖에 보지 않을 것이다. 자기가 진정으로 하고 싶은 일을 찾아서 거기에 모든 것을 쏟아부어야 한다. 나는 평생 일자리를 구해본 적이 없다. 이력서를 써본 적도 없다. 내 분야에서 열심히 일하면서 실력을 쌓아 왔더니 늘 좋은 기회가 왔다.

9세기 중엽, 미국 전역에서 인생 역전을 꿈꾸는 수많은 사람들이 골드러시에 평승해서, 서부 캘리포니아로 몰려들었다. 금을 캐기 위해. 17세의 어린 농부 아머러도 무작정 캘리포니아로 향했다. 와서 광산에서 일을 해보니 광산 갱도 안은 매우 건조했다. 채광(採鑛)하는 과정에서 광부들은 금에 대한 갈망만큼 갈증에 시달리고 있었다. 이 광경을 주의 깊게 지켜보던 아머러는 기발한 아이디어가 떠올라 생각을 고쳐먹었다. 저 사람들에게 물을 팔 수 있다면 금을 찾는 것보다 돈을 더 벌 수 있을 거야. 그날 이후 아머러는 지하수를 파서 정화시킨 식수를 광부들에게 팔기 시작했다. 이 엉뚱한 짓을 보고 광부들은 처음에는 비웃었다. 그러나 세월이 지나자 많은 사람들이 금을 찾지 못하고 굶주림에 지쳐 고향으로 돌아가 버렸다. 그러나 그 사이 아머러는 작은 부자가 되었다. 모두들 금맥 찾기에 혈안이 되어 있는 동안 금광에서 남들과 반대로 엉뚱하게 수맥을 찾아다닌 아머러, 그가 금만 쫓아다니는 광부들과 전혀 다른 발상으로 차별화해서 발견한 물이 대박을 친 블루오션이었다.

한 약국 주인이 시외버스 터미널 주변에서 택시 기사들에게 수수료를 받고 지폐를 동전으로 바꿔주는 한 아주머니를 보았다. 이를 본 약국 주인이 자기 약국 약 설합에 동전을 가득 채워 놓고 기사들에게 "동전이 필요하면 바꿔 가십시오"라고 가게 앞에 써 붙여 놓았다. 그로부터 약국 앞에는 밤낮없이 택시들이 줄을 섰다. 약국은 피로에 지친 기사들이 드링크제를 사 먹으며 질병 상담까지 하는 장소로 바뀌었다. 약국의 매출은 우후죽순처럼 뻗어갔다. 어느 날 이 작은 약국 '육일약국'은 경남 마산에서 가장 유명하고 성공한 약국이 되어 있었다. 작은 아이디어 하나가 약국을 성공의 길로 이끈 것이다.

등산의류업계의 강자 블랙야크(Black Yak) 회장 강태선의 성공 스토리다. 그는 1973년 겨울 종로 5가 청계천 옆 시장 골목에 작은 가게를 열었다. 매장 3평에 공장이 10평, 동쪽으로 가면 성공한다는 점쟁이의 말을 듣고 상호는 '동진(東進)'으로 정하고 등산 장비를 팔았다. 잘 나가던 사업이 위기에 빠진 것은 1991년 정부가 자연보호를 명분으로 산에서 취사와 야영을 금지하면서 버너, 코펠, 텐트 같은 등산 장비가 서리를 맞았다. 등산용품이 90%, 등산의류는 10%로 등산용품 위주의 동진은 부도 직전의 위기에 직면했다. 그는 지친 마음을 가다듬기 위해 산행을 결정했다. 그는 티베트 히말라야 등산로를 묵묵히 걸으면서 선택은 하나밖에 없다고 생각했다. 정부규제에 영향을 받지 않는 등산 장비이면서도 시장 비중이 10%에 불과한 등산의류를 더 파는 방법이었다. 귀국하자마자 그는 기존 등산복과는 차별화되는 등산복에 패션을 접목해 패션 등산복을 출시했다. 그것이 바로 '블랙야크(Black Yak)다'. 때마침 검은색 등산복이 유행한데다 1997년 외환위기가 우리 경제계를 강타하자 직장을 잃은 사람들을 비롯하여 등산 인구가 폭발적으로 늘면서 등산의류 즉 아웃도어는 들불처럼 일어나 대박을 터뜨리게 되었다.

정신병자 소리 들으며 무농약 무 비료로 웰빙 사과재배에 성공한 일본 아오모리현 히로사키에 사는 농부 기무라 아키노리(木村 秋則, 당시 60세)는 일본 농업계에서는 유명인사다. 그는 히로사키(弘前)실업고를 졸업. 경력도, 얼굴도 순박하지만, 그의 인생에는 '독기'가 흐른다. 그는 "일본의 사과 재배 역사는 120년이예요. 그동안 수많은 선대 농부들이 무농약 무비료 재배에 도전했지만 실패했습니다. 그들은 겨우 4-5년 정도 버티다가 포기했기 때문입니다. 4-5년을 했는데 안 됐으니 애당초 불가능한 일"이라고 말해요. 저는 선배들과 반대로 바보처럼 11년을 버텼어요. 그런 나의 행동을 지켜본 나무가 나를 불쌍하게 생각했는지 결국 꽃을 피워주더라고요. 농약을 친 사과는 나약해서 태풍이 불면 추풍낙엽이다. 그러나 자연에서 그대로 키운 기무라의 사과는 태풍이 불어도 끄떡없다. 떨어지지 않는다. 이런 기무라의 사과를 사기 위해서는 시장에서 그냥 살 수 있는 것이 아니다. 기무라 홈페이지에 응모를 해야 살 수 있다. 응모를 하면 추첨을 통해 당첨된 고객들에게만 사과를 배송해 준다. 값은 한 상자당 16-20개 정도 들어가는데 상자당 4200엔(5만 5000원)으로 상당히 비싼 값으로 팔린다. 그는 해마다 대학입시철에 대학합격을 염원하는 수험생들과 학부모들을 상대로 "태풍에도 떨어지지 않는 사과"라는 슬로건을 내걸고 사과를 팔아 대박을 터뜨리고 있다.

세계 필름 사장 양대 강자 중에서 왜 코닥은 죽고 후지는 어떻게 살아남았나?

코닥은 파산보호신청을 끝으로 몰락해 버렸지만 후지필름은 지난 2011년 회계연도에 2조 원이 넘는 영업이익을 냈다. 무엇이 이런 차이를 가져 왔을까? 코닥도 사진필름 시장의 소멸에 대비해 디지털 컴퍼니로 변신을 꾀했지만 때를 놓치고 말았다 그러나 후지는 필름의 디지털화뿐 아니라 의료, 검사장비, 복사기, LCD패널 소재 등으로 사업을 다각화했기 때문에 필름시장은 잃었지만 살아남을 수 있었다.

50년 만에 사막이 옥토로 바뀐 이스라엘 아라바 지역, 52년 전 모험가 암논 나본(Amnon Navon, 74)은 39명의 개척자들과 요르단 접경지대인 이 지역을 찾았다. 당시 이곳은 풀 한 포기 나지 않는 불모지로 사람이 살지 않았다. 이 지역 개척자들은 혹독한 시기를 보냈다. 물을 얻기 위해 우물을 파면 소금기가 섞여 있어 농사를 지을 수 없었다. 우리나라 평균 강수량(1,274mm)의 40분의 1을 밑도는 30mm가 내리는 네게브 사막에서 농사를 짓기 위해서는 효율적인 관개시스템을 개발해야 했다. 이런 필요에 부응해서 이스라엘은 세계 최초로 '방울 물주기(Drip Irrigation)시스템'을 도입했다. 직경이 5-20밀리 되는 호수(관)에 1밀리 이하의 구멍을 뚫어 호스에서 물이 한 방울씩 유출되게 하는 방법이다. 작물에만 물이 스며들게 함으로써 물의 이용효율을 99%로 끌어 올렸다. 현재 이곳에는 2000명이 거주하면서 사막을 옥토로 바꾸고 있다. 농산물의 95%는 유럽과 러시아 등에 수출해 한 해 12억 5000만 셰겔(약 3800억 원)의 소득을 올리고 있다.

2010년 7월 28일 서울 서대문 은평 을 국회의원 재선거에서 이재오 당선자가 선보인 '나 홀로 선거운동'은 전형적인 남들과 반대로 행동해서 성공한 사례이다. 한때 여당의 실세로 교만하다는 평을 받던 그가 총선에서 낙선하고 재선거에 도전하면서 이른바 '3무(三無)선거'를 실천했다. 선거기간 내내 이 당선자는 로고송, 유세차량, 후보수행원 없는 3무 선거를 치렀다. 30만 원짜리 국산 자전거와 헬멧, 자전거에 매단 기호 1번 깃발이 선거운동 도구의 전부였다. 대신 그는 낮은 자세로 유권자들의 손을 한 번이라도 더 잡고, 유권자와 얘기를 나누는 데 전력투구했다. 그는 '나 홀로 선거' 5계명도 실천에 옮겼다. ① 중앙당을 배제한다. ② 의원 아무도 선거구에 못 오게 한다. ③ 운동원들도 혼자 다녀라. ④ 선거사무소 폐쇄하라. ⑤ 선거 전략회의도 길가에서 하라. "남들이 살 때 팔고 남들이 팔 때 사야 한다. 일본의 부호 이토야마 에이타로는 30년간 주식투자를 하면서 시장의 흐름과 거꾸로 가는 투자 원칙을 지켰다. 투자자의 99%가 주가 하락으로 공황에 빠졌을 때 주식을 샀으며 반대(호황)일 때 팔았다." 즉 남들과 반대로 투자하고 참고 기다리며, 평생 배우면 돈이 굴러 들어온다고 주장한다. 중국 CCTV는 2009년 10월 15일 일본 갑부 중 한 명인 이토야마 에이타로의 재테크 철학을 소개했다. 그는 서른 살에 수십억 엔 대 자산을 보유하고 18개 기업을 일으켰으며 32세에 정계에 입문해 일본 역사상 가장 젊은 참의원이 되었다. 그는 포브스가 발표한 '일본 40대 부호' 중 자산 45억 달러를 보유해 7위에 올라있다. 그가 실천해서 대박을 터드린 한 〈주식투자 33 성공원칙〉은 '세 번 오르면 팔고 세 번 내리면 산다'이다.

만약 가수 싸이가 서구적인 얼굴에 멋진 몸매를 가지고 무대에서 '멋있는 척'했다면 세계에서 가장 유명한 한국인이 될 수 없었을 것이다. 서구인들의 입장에서 보면 동양의 장난꾸러기 같은 모습을 한 싸이는 쉽게 찾아볼 수 없는 캐릭터다. 싸이는 이렇게 몽골리언의 개성을 그대로 지키면서 세계로 나아갔고 그 독특한 개성에 세계는 흥분했다. 싸이는 또 한국어 가사도 포기하지 않았다. 영어로 노래하지 않고 그냥 한국어 가사를 들고 세계시장으로 나갔다. 일본에 진출해서 인기를 얻기 시작한 한국 가수들 중에 상당수가 갑자기 일본말을 배워 서툰 일본어로 노래하고 인터뷰하는 것을 보는 그 순간 일본 팬들은 그에 대한 모든 신비감이 사라져 버린다고 한다. 차별화에 성공하려면 한국 가수들은 외국에서 그 나라 말인 일본어나 영어가 아닌 한국어로 노래를 해야 한다.

역발상으로 성공한 중견레저기업 ㈜남이섬의 사례를 보자, '푼돈보다 예술'을 택한 남이섬이 한국을 찾는 아시아 관광객의 지갑을 열개하고 있다. 남이섬의 역발상 프로젝트의 주역은 그래픽 디자이너 겸 동화그림 작가인 강우현(64) 대표다, 그는 1998년 프랑스 칸 영화제 공식포스터를 제작하는 등 예술가로서 일찌감치 유명세를 떨쳤다. 1980년대 수도권 대표유원지로 각광을 받았던 남이섬은 1990년대 들어 우후죽순처럼 생겨난 테마파크의 위세에 눌려 한참 쪼그라들어 있었다. 강 대표는 2001년 가을, 작품 활동을 위해 남이섬을 찾았다가 남이섬을 소유한 회사 대주주의 요청으로 경영권을 떠맡았다. 그는 취임 후 곧장 유원지 놀이시설을 걷어 냈다. 회전목마가 있던 자리에 문화공연장을 만들고, 원숭이 우리는 재활용품을 이용해서 정원으로 개조했다. 테마 공원은 하드웨어산업이다. 중소기업이 대기업과 경쟁하기 위해서는 똑같은 종목으로 한판 붙으면 승산이 없다고 판단, 문화공간으로 만들어 소프트웨어 산업으로 승부를 걸었다. 중소기업이 대기업과의 경쟁에서 살아남기 위해서는 게임의 룰을 바꾸어야 한다는 소신으로 예술가의 엉뚱한 상상력으로 문화 콘텐츠를 만들어 나갔다고 말한다. 폐자재를 이용해 간판을 만들고 누구나 소매를 걷고 도자기를 빚을 수 있는 체험공간도 만들었다. 새로운 공간이 만들어지자 영화, 드라마 촬영요청이 쇄도했다. 그렇게 2002년 가을 한류 붐을 일으킨 드라마 '겨울연가'도 이곳에서 촬영했다. 놀이가 아닌 문화를 체험하러 온 방문객은 강 대표 취임 전 29만 명에서 150만 명으로 5배 증가했다. 이곳은 상식의 틀을 깨뜨리는 역발상의 보고(寶庫)라며 삼성전자를 비롯한 국내 대기업 임직원들이 찾아와 체험을 하는 곳으로도 유명하다.

2010년 기아차 판매왕에 오른 오경렬(47) 서대문 지점 영업부장, 그의 판매 노하우 三原則은 간단하다. 첫째 판매에 왕도는 없다. 고객에게 믿음을 줘라. 그가 판매한 차량의 70%는 고객들이 소개한 또 다른 고객이 사주었다. 둘째 작은 차이가 실적을 만든다. 사소한 선물이라도 챙기고 세심하게 마음을 써라. 사람은 큰 바위에 걸려 넘어지지 않는다. 작은 돌부리에 걸려 넘어진다. 연하장을 쓰는 등 작은 차이가 명품을 만든다고 말한다. 셋째 영업의 비법과 노하우는 책 속에 있다. 늘 손에서 책을 놓지 말아야 한다.

08

경청(傾聽)의 기교(예술)를 배워라

좋은 경청 습관은 학습을 해야 한다

LEARN THE ART OF LISTENING.

Learn to listen : Lock yourself in. Look at the person.

Develop empathy.

성공하기 위해서는 남의 말에 귀를 기울이고 주의해서 듣는 경청(傾聽)의 기술을 배워야 한다. 더구나 자기 분야에서 최고가 되고 싶다면 당신은 반드시 먼저 남의 말에 귀 기울이는 경청자가 되어야 한다. 자기 말을 들어주지 않는 사람에게는 상대도 좋은 말을 해주지 않는다. 우리들 대부분은 이 평범한 진리를 무시하거나 잊어버리고 살아가고 있다. 사람들은 남을 만나면 상대의 말을 듣기보다는 먼저 내 말만 늘어놓기 마련이다. 서양 사람들은 경청을 기술이요 심지어 예술(Art)이라고까지 말한다. 그러나 불행히도 우리들은 거의 다가 경청을 내가 말할 때를 위해 기다리는 잠깐의 멈춤 또는 휴식이라 생각한다. 좋은 경청 습관은 학습을 해야 한다. 여기에 몇 가지 중요한 경청에 관한 팁을 제시한다.

Hearing과 Listening은 어떻게 다른가?. '귀의 아인슈타인'으로 불리는 프랑스의 의학자 알프레 토마티(Tomatis)는 "히어링은 귀에 들려오는 소리를 듣고 무심히 흘려보내는 수동적 듣기이고, 리스닝은 의식을 집중해 정보를 모은 뒤 이를 분석해 뇌로 보내는 능동적 듣기"라고 설명한다. 듣는 지혜와 기술은 친구와 연인 사이는 물론 가족관계, 직장생활에서도 매우 중요하다. 듣는 능력이야말로 정보를 수집하고, 인간관계를 폭넓게 하며. 상대의 불만까지도 활용할 수 있게 하는 힘이 된다. 듣기에도 기술이 있다.

① 마음을 비우고 온전히 경청에 집중하라.
② 전화기나 휴대전화의 전원을 꺼라.
③ 부드럽게 상대의 눈을 보면서 이야기를 들어라.
④ 상대방의 이야기를 들으면서 동의와 이해의 표시로 고개를 끄덕여 주어라.
⑤ 이해가 되지 않을 때에는 상대가 말하는 중간중간 짧은 질문을 던지거나 메모를 하면서 관심을 표현하라.
⑥ 기쁜 일일 때는 감탄을, 슬픈 일일 때는 한탄을 통해 공감해

주어라.

⑦ 좋은 경청자는 반드시 승리자가 된다.

우리 얼굴에 입은 하나고 귀가 둘이 달린 것은 창조주 하느님이 우리 인간에게 말하기보다 듣는 것을 배로 하라는 태초부터의 명령이 담겨있는 것이다. 현대인 중에서 성공한 사람들은 물론, 성공하고자 하는 사람들은 말하기보다 듣기를 더 좋아한다. 그러나 실패한 사람들을 보면 아무리 좋은 말이라도 아예 남의 말에 귀를 기울이지 않는다. 할 수 없이 듣는 경우에도 들으면서 엉뚱한 짓을 한다.

상대방의 마음을 움직이는 데는 경청만 한 것이 없다. 듣기란 상대의 마음을 헤아려 주는 예의이다

고 이병철 회장은 생전에 삼성전자 이건희 회장에게 '경청(傾聽)'이란 휘호를 선물했다고 한다. 이건희 회장은 이 휘호를 벽에 걸어 놓고 마음의 지표로 삼았다. 이건희 회장은 삼성그룹을 성장시키는데 이 좌우명(座右銘)의 역할이 컸다고 생각하고 자신의 아들 삼성전자 이재용 부회장에게도 조직의 리더로서 꼭 필요한 태도로 '경청'을 대물림했다고 한다.

세계적인 영웅 몽고의 칭기스칸은 이렇게 말했다. "배운 게 없다고, 힘이 없다고 탓하지 말라. 나는 글이라고는 내 이름도 쓸 줄 몰랐다. 대신 나는 남의 말에 항상 귀를 기울였고, 나는 힘이 없기 때문에 평생 친구와 동지들을 사귀었다."

가화만사성의 기본은 경청이다

가정생활에서의 가족 간에도 듣는 지혜가 중요하다. 일반적으로 시어머니 말을 며느리들이 고깝게 듣는 경우가 많은데 현명한 며느리라면 어린아이의 말을 듣듯, 달래듯 들어주어야 한다. "아유 정말 잘하셨어요."와 같은 말로 반응해 주면 좋다. 때로는 손을 잡고 이야기를 하기도 하고, 이미 몇 번 들은 말이라도 참고 듣는 인내심도 필요하다. 자녀들의 말도 사려 깊게 들어주어야 한다. 아이들의 말을 중간에 잘라 버리거나 빨리 끝내라고 채근하면 상처를 입는다.

자녀를 상대로 한 경청의 기술은 다음과 같다.

① 아이가 자기 생각을 다 말할 때까지 참고 기다려야 한다.
② 주의를 산만하게 하는 TV와 컴퓨터를 끄고 아이 말에 집중해야 한다.
③ 표정을 부드럽게 관리하며 들어야 한다.

아이들은 비언어적 반응에도 아주 민감하기 때문이다. 남편의 말을 들을 때도 마찬가지이다. 아이의 말을 들어주듯 끝까지 들으면서 때로는 추임새도 넣어 주는 것이 좋다. 아내가 "내 그럴 줄 알았어" 하며 빈정대는 말투의 피드백은 절대 금물이다. 세상에는 이런 작은 말 한마디가 가정을 파탄으로 이끄는 무서운 무기가 되어 버리는 사례도 허다하게 일어나고 있다.

대화할 때에는 먼저 자신을 비워라

상대방의 눈을 보라, 대화 중에는 전화기를 꺼라. 대화 중에 '그렇습니다', '알겠습니다' 등 고개를 끄덕이며 긍정의 신호를 보내라. 성공하려면 내가 주도적으로 말을 많이 하는 것보다는 진솔하게 들어주는 경청자가 되어야 한다.

대인관계를 하면서 남을 이해시키려면 먼저 상대방의 말을 경청해서 이해해 주어야 비로소 상대방에게 나를 이해시킬 수 있다.

주위 아는 사람들 중에서 야단맞는 자녀, 시어머니로부터 구박받는 며느리, 남편에게 두들겨 맞는 마누라가 있으면 열일 제쳐놓고 이들의 하소연을 들어주어라. 이들의 화를 풀어주는 '분풀이 센터'가 되어 주어라. 이 사태를 그대로 장기간 방치하면 이들은 우울증을 앓거나 극단적으로 자살이라는 대형사고로 이어지기 쉽다.

경청은 이야기 하는 사람에게 가톨릭의 일종의 고해성사의 기회를 제공해 주는 것과 같다. 마음속에 응어리진 불만, 분통, 스트레스를 해소하는 기회다. 세계적으로 유명한 장수자들의 특징을 보면 모두가 스트레스 해소의 전문가들이다. 노래하기, 수다 떨기 등 몸속 깊은 곳에 뭉쳐 있는 스트레스, 한(恨)의 덩어리들을 한꺼번에 뱉어내는 카타르시스를 주기적으로 잘하는 사람들이 장수했다.〈정진기 회장과 나〉

기업이나 사회, 교회든 사찰이든 모든 면에서 소통이 정말 중요하다. 소통은 한 기업의 운명을 좌우할 만큼 중요하다. 소통이 원활하지 않으면 임직원 사이에 불만이 쌓인다. 잘 다루지 않으면 언젠가 폭발하고 만다. 교회도 마찬가지다. 교회원로 목사들은 새내기 목사들에게 소통에 관한 사전교육을 시켜야 한다. 풋내기 목사들은 신도의 집을 처음 심방 갔을 때 자리에 앉자마자 성경부터 펴놓고 설교를 시작하려고 한다. 목사가 신도와 제대로 소통을 하려면 설교 전에 먼저 그 신도의 가정사와 개인적인 고민부터 들은 다음 그 문제를 해결해 주는 일부터 시작하여야 한다. 그리고 성경을 펴는 것이 효과적인 심방의 순서이다.

09

먼저 상대를 도와라, 베풀어라,
그러면 그 대가는 반드시 되돌아온다

먼저 내어주고, 베풀고, 화해하라,

이것이 보이지 않는 미래에 대한 투자이다

먼저 베풀어라.

그러면 그 대가는 되돌아온다.

먼저 베풀어라.

그리고 대가를 바라면서 베풀지 마라.

그 대가는 언제가 반드시 돌아온다.

베풀면 베풀수록 대가는 커지기 마련이다.

아낌없이 주면 아낌없이 돌아온다.

한강의 물은 퍼다 쓰면 줄어들지만 행복은 나눌수록 더 커진다.

되로 주고 말로 받는다.

양 17마리와 형제의 싸움

사우디아라비아의 배두윈 출신 한 상인이 낙타 17마리를 유산으로 남기고 세상을 떠났다. 그는 죽으면서 세 아들에게 "첫째 아들은 재산의 1/2(9마리)을, 둘째는 1/3(6마리)을, 셋째 아들에게는 1/9(1마리)을 나눠 가지라고 유언했다. 그러나 아들들이 유언대로 낙타를 나누려고 해보니 낙타가 남고 모자라고 해서 형제들 사이에 다툼이 벌어졌다. 다툼이 싸움 직전까지 발전할 즈음 이때 마침 이 집 앞을 지나가던 한 노인이 이들의 자초지종(自初至終)을 듣고는 그 자리에서 자기가 타고 왔던 낙타를 주저 없이 내주며 "이 낙타를 보태서 나누어 가지라"고 했다. 세 아들은 공짜로 남의 낙타를 받을 수 없다며 사양했지만 노인이 한사코 우기는 바람에 17마리에 한 마리를 보탠 18마리를 가지고 유언대로 나누기로 했다. 그런데 웬걸 이번에는 첫째가 9마리, 둘째가 6마리, 셋째가 2마리를 가졌는데도 한 마리가 남았다. 형제들은 장시간 의논한 끝에 남은 한 마리를 고마운 노인에게 도로 돌려주었다. 이 현명한 노인은 좋은 일을 하고도 남은 낙타 한 마리를 다시 찾아 낙타를 타고 길을 떠났다.

갈릴리 호수와 사해(死海)

요르단과 이스라엘 사이에 있는 동서 15km, 남북 80km 규모의 사해(死海, Dead Sea)는 이름 그대로 죽은 바다이다. 지금은 염도가 점점 높아지면서 급속하게 죽어가고 있다고 한다. 북쪽 요르단강에서 유입되는 수량이 급감한데다 기후변화로 강수량이 줄면서 사해는 해마다 수심이 1미터씩 줄어들고 있다. 전문가들은 이대로라면 2050년에는 호수 바닥이 들어날 것이라고 경고하고 있다. 2013년 12월 9일 이스라엘, 요르단, 팔레스타인 3국은 미국 워싱턴 세계은행본부에서 홍해와 사해를 연결하는 파이프라인 건설 협정에 서명했다. 이는 3국의 물 평화협정이다. 그러나 환경전문가들은 바닷물을 끌어올려 사해에 붓는 것은 환경재앙을 부를 수 있다고 경고한다. 홍해에 서식하는 미생물이 사해에 휩쓸려 들어갈 경우 토종 생물들과의 불화가 일어날 수 있다는 것이다. 사해는 표면적 810평방km, 최대 깊이 378m, 평균깊이 118m인 소금호수(鹽湖)이다. 사해는 표면이 해수면보다 417m나 낮아 세계의 호수 중 지표상 최저점을 이룬다. 염도가 표수 면에서 20%,(해수의 약 5배), 저 층수에서는 30%에 달한다. 높은 염분 때문에 사해에는 생물체가 살 수 없다. 그래서 죽음의 바다 사해다. 염분농도가 워낙 높아 사람이 물에 들어가도 가라앉지 않는다. 갈릴리 호수는 시리아 골란고원에서 발원해서 아래로 흐르는 야르무크 강에서 받은 물을 그 양만큼 사해 쪽으로 흘려보낸다. 그러나 사해는 요르단강 상류에서 내려오는 물을 받기만 하고 한 방울도 밖으로 내보내지 않기 때문에, 받은 만큼 내보내는 갈릴리 호수는 언제나 맑은 물을 담고 있는 반면 사해는 죽은 바다가 되고 만 것이다.

〈탈무드의 발 편〉에서 강조한다. 자선을 베풀지 않는 자는 〈죽은 바다〉이다. 돈이 들어오기만 하고 나가지 않는다. 자선을 베푸는 자는 〈산 바다〉이다. 물이 들어오기도 하고 또 나가기도 한다. 우리는 〈산 바다〉가 되지 않으면 안 된다. 우리 몸도 In Put와 Out Put가 균형이 맞아야 건강이 유지된다. 먹기만 하고 제대로 배출하지 못하면 큰 병에 걸린다.

이스라엘 어머니들은 결혼을 앞둔 딸이 행복한 결혼생활을 할 수 있도록 하기 위해 결혼 전날한 통의 편지를 써서 전달한다고 한다. 그 편지 내용의 핵심은 딸이 "먼저 남편에게 베풀어라"라는 내용으로 되어 있다고 한다.(이상헌 지음, 홍하는 말씨 망하는 말투). 편지의 한 사례를 여기에 소개한다.

"사랑하는 딸아, 네가 남편을 왕처럼 섬긴다면 너는 여왕이 될 것이다.

만약 남편을 돈이나 벌어오는 하인으로 여긴다면 너도 하녀가 된다.

네가 지나친 자존심과 고집으로 남편을 무시하면 그는 폭력으로 너를 다스릴 것이다.

만일 남편의 친구나 가족이 방문하거든 밝은 표정으로 정성껏 접대하라.

그러면 남편은 너를 소중한 보석으로 여길 것이다.

항상 가정에 마음을 두고 남편을 공경하라.

그러면 그가 네 머리에 영광의 관을 씌워줄 것이다."

인간은 태어날 때는 손을 꽉 쥐고 있지만 죽을 때는 손을 편다. 왜일까? 태어날 때에는 사람은 세상의 모든 것을 붙잡으려고 하는 본능을 가졌기 때문이다. 그러나 죽을 때에는 모든 것을 뒤에 남은 사람들에게 주고, 아무것도 가지고 가지 못한다.〈탈무드의 손 편〉

우리 인간이 죽을 때 마지막으로 입고 떠나는 수의에는 어느 곳에도 돈을 넣는 주머니가 없다.

인간관계에 있어서 먼저 내어주고, 베풀고, 화해하는 방식을 취하라. 이것이 보이지 않는 미래에 대한 투자이다. 베품은 언젠가 부메랑이 되어 나에게 되돌아온다. 다른 사람들이 당신을 인정해 주기를 기다리지 말고 당신이 먼저 그들을 인정해 주어라. 우리나라에는 예부터 "대접을 받고자 하거든 먼저 대접하라" "가는 말이 고와야 오는 말도 곱다"는 전례의 속담도 있지 않은가.

똑똑한 사람은 더하기만 잘하는 것이 아니고 빼기도 잘하는 사람이다. 훌륭한 사람은 벌기만 잘하는 것이 아니고 나누어 주기도 잘하는 사람이다. 무엇을 해줄 때에는 모든 것을 거기에 거는 자가 가장 존귀하다.(마법의 사과, 탈무드) 남을 도와줄 때는 화끈하게 도와주어라. 〈장영근, 유재빈, 김영섭, 송종의, 류재성, 인색에 대표적 인물, 심상기〉

사람의 마음을 얻어라

세상에서 가장 얻기 어려운 것이 사람의 마음이다.

세상에서 가장 얻기 어려운 것이 사람의 마음이다. 아무리 많은 돈을 쥐도 살 수 없다. 마치 연애하는 것처럼 내 마음을 먼저 주지 않는 이상 다른 사람의 마음을 얻을 수 없다. 도와줄 때는 따뜻한 마음으로, 지적할 때는 진실한 마음으로, 가르칠 때는 이해하는 마음으로.

중국의 장루이민 회장은 위와 같은 세 가지 마음을 합쳐 직원의 충성심을 이끌어냈다. 남에게 베풀 대 상대방이 그 은덕에 감동하기를 바라지 말라. 상대방이 원망치 않으면 그것이 바로 은덕이다. 내가 남에게 베푼 공은 마음에 새겨 두지 말고 남에게 잘못한 것은 마음에 새겨 두어야 한다. 남이 나에게 베푼 은혜는 잊지 말고 남에게 원망이 있다면 잊어야 한다.

사람을 용서하지 못하는 것은 언제까지나 아픔이 가시지 않는 상처를 지니고 있는 것과 같다.

승자는 실수했을 때 "내가 잘못했다"라고 말하고 패자는 "너 때문에 이렇게 되었다"고 말한다.

바람 불 때 연 날려라

힘이 없거나 돈이 없으면 남을 돕고 싶어도 누구도 도울 수 없다. 힘 있을 때, 돈 있을 때 남을 도와라. 인생의 전성기는 결코 길지 않다. 그리고 기회는 생각보다 많지 않다. 기회를 놓치지 말라.

나중에 후회해 봐야 소용없다. 버스 떠난 뒤 손 드는 격이다.

전남 구례의 지리산 남쪽 자락에 운조루(雲鳥樓)라는 한옥으로 된 고택이 있다. 조선 영조 때 낙안군수를 지낸 분이 세운 집이라고 한다. 이 운조루 큰 사랑채에서 안채로 통하는 헛간에는 '타인능해(他人能解)'라는 글이 쓰여 있는 원통형 쌀뒤주가 있다. '누구라도 열 수 있다'는 뜻 그대로 뒤주에 쌀 두 가마니 반을 넣어 놓고 끼니를 잇기 어려운 마을 사람들이 언제라도 찾아와 쌀을 퍼 갈 수 있도록 했다. 한 해 200여 석의 소출 중 30-40석 정도를 이렇게 가난한 백성들에게 베풀었다. 운조루의 굴뚝은 눈에 띄지 않을 정도로 아주 낮게 만들어져 있다. 굶는 집이 많았던 시절 밥 짓는 연기가 높이 올라가면 가난한 이웃들의 마음을 상하게 하는 일이 없도록 하기 위해 서다. 구례지역에선 조선조 때 동학 농민전쟁과 해방 후 빨치산의 발호, 6·25전쟁을 거치며 많은 부자가 피해를 봤다. 그 와중에 운조루만은 아무 탈 없이 무사할 수 있었던 것은 이런 나눔과 배려의 정신 덕분이라고 한다.〈노블레스 오불리주〉

미국 최고의 명문 사립고교인 필립스 아카데미의 230년 전 건학 이념(建學理念)으로 'Not for Self'(나 자신을 위해서가 아니다)를 내세웠다. 학교를 세운 이유는 "공부를 하는 목적과 사는 목적은 내가 가진 것을 세상에 나누어 주어 더 좋은 세상으로 만드는 것"이라고 말했다.

비바람이 몰아치는 늦은 밤. 미국 어느 지방의 한 호텔에 초라한 행색의 노부부가 찾아왔다. "미처 예약을 못 했는데 혹시 빈방이 있습니까?" 그날따라 호텔은 만원, 실망한 노부부가 발길을 돌리려는 순간 종업원은 "저, 잠시만 기다려 주시겠습니까? 다른 호텔에 방이 있는지 알아보겠습니다." 그러나 다른 호텔도 사정은 마찬가지. 종업원은 "비도 오고 늦은 시간인데 누추하지만 제 방에서 하룻밤 주무시면 어떠실까요?" 호의를 거절할 수 없었던 노부부는 그가 안내한 작은 방에서 하룻밤을 보냈다. 다음 날 아침 노신사가 직원에게 말했다. "당신은 미국에서 제일 좋은 호텔의 사장이 되어야 할 분 같군요." 종업원은 의례적인 감사의 표시로 생각했다. 그로부터 2년 후 어느 날 그 호텔종업원은 한 통의 편지를 받았다. 그 편지 속에는 왕복차표와 함께 뉴욕을 한번 방문해 달라는 간곡한 노신사의 글이 담겨져 있었다. 호텔종업원은 휴가를 내어 뉴욕으로 노신사를 찾아갔다. 노신사는 그를 데리고 뉴욕 중심가로 가더니 대리석으로 장식한 궁전 같은 호텔을 가리키며 "이 호텔을 본 소감이 어떻습니까?" 종업원은 대답했다. "이렇게 크고 멋진 호텔은 처음 봅니다." 그러자 노신사는 "이 호텔은 내가 당신을 위해 지은 것입니다." 그 호텔이 바로 그 유명한 '월도프 아스토리아 호텔'이었다. 노신사는 호텔의 주인인 윌리암 월도프 아스토였고 종업원은 이 호텔의 첫 사장이 된 조지 볼트였다.

최근 차이나머니는 뉴욕을 습격했다. 중국의 한 보험회사(安邦保險集團)가 2014년 4월 미국의 자존심으로 '뉴욕의 왕국'으로 불리는 미국최고급호텔 47층짜리 월도프 아스토리아를 2조 700억 원에 구입한 것이다. 월도프 아스토리아 호텔은 미국이 '세계의 공장'으로 떠오른 1893년 세워진 후 '부호 – 권력자 – 스타'가 어울리며 역사를 만든 곳이었다. 미국언론들은 일본이 거품 절정기였던 1989년 뉴욕 록펠러 센터가 미쓰비시에 팔릴 때와 비슷한 반응을 내놓고 있다. 아스토리아 호텔은 미국 패권의 상징이었다. 20세기 초, US스틸 등 미국거대기업이 아스토리아 최고급객실에서 탄생했기 때문이다. 1950년대에는 메를린 몬로가 주당 1,000달러를 내면서 머물었던 곳이기도 하다. 월도프는 1959년 니키타 후루시초프 당시 소련공산당 서기장, 65년에는 박정희 대통령 등 세계정상들이 뉴욕을 방문했을 때 머물렀던 곳이다.

내가 지고 가야 할 짐이 없을 때가 인생에서 가장 위험할 때이다

인도의 성자이자 맨발의 전도자라고 불리는 선다 싱이 동행자와 함께 히말라야산맥을 넘고 있었다. 그런데 그들이 가는 중도에 추위에 쓰러져 죽어가는 사람을 발견했다. 선다 싱이 이 사람을 구해주자고 동행자에게 말했다. 그러자 "이 사람을 데려가면 우리도 살기 힘들어. 그냥 가자."고 한마디 남기고 동행자는 혀를 차며 혼자 먼저 가버렸다. 선다 싱은 혼자 그 사람을 들쳐 업고 걷기 시작했다. 그의 땀과 열기에 등에 업힌 사람도 얼마 후 기적적으로 살아났다. 얼마쯤 가다가 선다 싱은 얼어 죽은 사람을 한 사람 발견했다. 자세히 살펴보니 그 사람은 다름 아닌 혼자 살겠다고 먼저 가버렸던 동행자였다. 선다 싱은 이렇게 말한다.

"내가 지고 가야 할 짐이 없을 때가 인생에서 가장 위험할 때이다."

내가 베푼 은혜를 잊어버리는 망은(忘恩)에 대해 원망과 고민의 감정을 가져서는 안 된다.

감사할 줄 모른다고 화를 내거나 고민하기보다는 아예 기대하지 말라. 베푸는 순간 잊어버려라. 예수는 하루에 열 명의 나병환자를 고쳐주었지만 감사를 표한 사람은 한 사람뿐이었다는 사실을 기억하라. 행복해지기 위해서는 감사를 바라지 말고 주는 기쁨을 위해 베푸는 것이다.

10

사후관리를 철저히 하라

한 마디로 사람으로서 지킬 바른 도리인 의리(義理)를 지키라는 말이다. 필요할 때 친구를 이용해 먹고 필요 없으면 헌신짝처럼 버리는 사람이 너무나 많다. 아무리 바보라도 계속 이용당하지는 않는다. 의리를 배반하면 장기적으로는 절대로 성공할 수 없다. 일반적으로 비즈니스 세계에서 한 기업이 제공한 상품이나 서비스에 한 고객이 만족했을 때는 주변 사람 8명에게 그 사실을 얘기하지만 불만을 가지면 최소 24명에게 불만을 털어놓는다고 한다. 기업활동이나 우리의 일상 인간관계에서 사후관리(事後管理)가 얼마나 중요한가를 절실하게 설명해 주는 말이다. 개인이나 기업이 의리 즉 사후관리를 잘하면 저절로 소문이 나게 되어 있다. 그러면 친구와 고객이 몰려오게 된다.

이제는 기업도 단순히 만든 제품을 판매하는 것으로 마무리하는 시대는 끝났다. 오늘날 기업 활동에서 마케팅의 완성은 Before Service, Sales, After Service 3단계로 끝난다. 그러나 이 세상에서 개인이나 회사가 앞에 두 단계까지는 하지만 마지막 단계인 After Service까지 완벽하게 수행하는 경우는 드물다. 현재는 중간 단계인 Sales(판매)만 하는 회사는 재벌반열에 오르는 것은 고사하고 현상유지하면서 생존하기조차 힘든 치열한 경쟁사회이다.

성공한 사람들은 신세를 진 사람에게는 반드시 사후관리 즉 보답하는 사람들이다. 한 차원 높은 사람들은 한번 인연을 맺은 사람들을 평생을 두고 관리하는 사례도 있다. 더 좋은 사후관리는 주기적으로 찾아보는 것이다. 만날 때마다 감사하다고 말해야 한다. 신세를 졌거나 감사할 일이 생겼을 때는 즉시 감사해라. 매사에 타이밍이 있다. 때를 놓치면 효과가 반감된다. 타인의 은혜에 감사할 줄 아는 마음, 그것은 성공적인 삶의 첫 번째 조건이다.

부동산업계에서 대성한 기업들을 예외 없이 하나같이 사후관리에 전력투구한 기업들이다. 부동산은 거래단위가 크고 개인이나 기업이 한 건의 부동산을 잘 사느냐 못 사느냐에 따라 재벌의 반열에 오르기도 하고 부도로, 또는 거지로 전락하기 때문이다. 그래서 부동산업에서 성공하려면 '만족고객'을 창조해내야 한다. 거래단위가 커 충동구매가 불가능한 부동산 상품의 만족 고객은 또 다른 고객을 소개해주는 창구 역할을 하고 구매를 불러일으키는 원천이다. 1970년대 일본 아파트업계에서 두각을 나타냈던 슈와 맨션(秀和)은 다른 아파트건설업체와는 달리 아파트를 판매 한 후 사후관리를 신속하고 철저하게 잘하는 회사로 명성을 날렸다. 이 회사가 내건 슬로건은 "A/S(사후관리)를 판매하는 기업, 슈와맨션!"이었다. 당시 일본에서도 일반적으로 아파트건설업체들은 아파트를 지어 팔고 나면 나 몰라라 하는 기업이 대부분이었다. 그러나 슈와는 달랐다. 회사 내에 사후관리 타스크 포스 팀(Task Force Team)을 꾸렸다. 팀은 전기, 목공, 배관, 상하수도 등을 관리하는 기술자들과 이를 지원할 행정요원으로 구성되어 있었다. 입주민이 사후관리를 요청하는 민원을 제기하면 즉시 달려가 해결해주었다. 전화 한 통화가 걸려오면 즉시 출동해 문짝을 새것으로 갈아주기도 하고 수도꼭지를 교체해주었다. 이 사후관리에 만족한 입주민들이 주변 친지들에게 슈와의 사후관리를 자랑하면서 맨션을 건설만 하면 즉시 팔려나갔다. 오래된 슈와맨션은 언제나 새집의 모습을 유지하고 있었다. 때문에 시간이 지난 건물도 가격이 떨어지지 않았다. 그래서 슈와는 당시 일본 도쿄에서 제일가는 맨션업체로 올라설 수 있었다. 인간관계도 이와 마찬가지다.

'꺼진 불도 다시 보자'는 소방서의 불조심 구호를 그냥 구호로만 생각하지 말고 마음에 새겨야 한다. 지금 힘이 빠져 비주류로, 백수로 헤매는 사람이라도 괄시하거나 우습게 보지 마라. 왕년에 한가락 하던 인사들은 거의 대부분 놀라운 처세술을 가진 사람들이 많다. 지금 당장 백수생활을 하지만 언젠가 재기할 수 있다. 오늘 이들을 우습게 대접하다가 내일 큰코다친 역사적 사례가 너무나 많다. 누구도 무시하지 말라, 미운 놈 떡 한 덩이 더 주어라. 개천에서 용이 날 수 있는 세상이다. 흙수저가 금수저 될 수 있다는 말이다.

11

건강을 챙겨라. 휴식을 취하라

정신적 건강과 육체적 건강을 지켜라

TAKE TIME OFF. Schedule recreation, personal time off and family activities.

온 세상을 모두 차지한다 해도 건강을 잃으면 무슨 소용이 있겠는가?. 온 천하를 그 손아귀에 넣었다 할지라도 그의 침대는 하나로 족할 것이며 하루에 세 끼밖에 멎지 못한다. 재벌이나 고위공직자도 노동자로 마찬가지다. 오히려 노동자는 단잠을 자고 소박한 식사를 즐기면서 먹을 수 있다.

정신적 건강과 육체적 건강을 함께 관리해야 한다.

정신적 건강은 '스트레스 해소센터'를 스스로 운영하는 것이 좋다. 조직생활이나 사회생활 인간관계에서 생겨난 마음속에 쌓인 스트레스, 울분, 억울함, 슬픔, 기쁨 등을 한꺼번에 몸 밖으로 쏟아내는 카타르시스를 주기적으로 해야 한다. 울분이라는 형태로 내 몸에 들어온 In Put(울분 등)는 그만큼 Out Put해 버려야 건강하게 살 수 있다. 밖으로 내뱉지 못하고 마음에 그대로 두면 울화병이 생긴다. 허물없는 가까운 친구들과 수시로 만나 한바탕 수다는 떠는 것은 건강을 유지하는 최고의 명약이다. 이밖에 마음 다스리기. 긍정적 사고하기. 처지를 바꾸어서 생각하는 역지사지(易地思之)하기. 그리고 노래방, 헬스클럽, 배드민턴 등을 즐기고, 축구, 야구, 배구시합을 하는 운동경기장을 찾아 소리 지르기, 박수치기 등도 건강유지에 절대적인 영향을 미친다.

몸과 마음을 단련한 다음에는 만사를 제쳐놓고 그대로 푹 쉬어라. 자기 페이스를 계속 유지하면서 한평생 활동을 지속하려면 쉴 때는 결사적으로 쉬어라. 토, 일 주말에는 반드시 쉬어야 하고, 가정행사가 있을 때는 주중이라도 휴식을 취하는 것이 좋다.

하루도 쉬지 않고 일하면 초기에는 어느 정도 성과가 나오지만 오래 지속되면 결국에는 몸을 망치고 만다. 인생은 마라톤이다. 장거리 레이스에서 승리하려면 적당한 휴식과 재충전은 필수다. 충분한 휴식은 일의 효율을 높이고 창의적인 발상까지 가져다준다.

미국의 링컨 대통령은 자기의 지시나 명령에 따르지 않는 참모들 때문에 분노를 느끼면 곧장 그 사람들에게 아주 심한 욕설과 저주를 퍼붓는 편지를 써서 몇 차례 읽은 후 이를 부치지 않고 그대로 찢어 쓰레기통에 버렸다고 한다. 링컨은 이처럼 자신을 괴롭히는 스트레스를 한방에 날려 버리는 기발한 방법을 사용했다고 하는데 이런 독특한 습관이 그의 마음을 치유하는 데 크게 도움이 되었다고 한다.

일과 휴식의 균형을 유지하라

휴식과 오락(데일 카네기, 인간관계론)

사람의 마을을 가장 부드럽게 해주며 기를 길러주는 힘은 건전한 종교, 수면, 음악, 웃음이다. 하나님께 믿음을 바치라, 깊이 잠들라, 좋은 음악을 들어라, 인생의 유머에도 눈을 돌려라, 그렇게 하면 건강과 행복을 얻을 수 있으리라.

육체적 건강은 송광사 스님들의 건강법을 배워라. 늙어서 꼿꼿한 몸매를 가지기를 원하면 철봉을 하라.

① 자연으로 돌아가라. 물, 공기, 숲, 삼림욕, 명상, 요가 등.

② 자동차에 의존하는 습관을 버리고 걷고, 달리는 데 시간을 투자하라.

③ 몸이 보내는 신호를 무시하면 병이 생긴다. 열심히 사는 인생이라면 몸이 보내는 신호도 열심히 듣고 지켜 주어야 한다.

④ 하체가 든든해야 백 세까지 팔팔하게 살 수 있다. 노화는 다리에서부터 온다. 전체 체중의 40%를 근육이 차지하는데 전체 근육의 70% 이상이 하반신에 몰려있다. 하체가 허약하면

심장병, 당료, 통풍, 암이 발생할 확률이 높다. 다리가 부실하면 쉽게 피로해지고 체력이 감퇴되며 의욕이 저하된다.

식사에 관한 여러 가지 원칙을 소개한다.

① 食事原則 : •천천히 먹는 徐食 •양을 저게 먹는 小食 •야채 위주로 먹는 菜食

② 食事三禁 : •많이 먹는 過食 •빨리 먹는 速食(군대생활, 가난의 산물) •주전부리 間食

③ 食事三操心 : •뜨거운 것 •짠 것 •매운 것

아침은 '가볍게', 점심은 '황제처럼', 저녁은 '거지처럼' 먹어야 건강하게 살 수 있다.(위 휴식)영어로 아침을 Breakfast라 하는데 이를 풀어 보면 Break는 '깨다' + fast는 '단식하다'의 합성어, 즉 단식을 중단하고 식사를 한다는 뜻이다. 단식 후 갑자기 많이 먹으면 죽는다.(서양의 경우) 우스개로 만든 말이기는 하지만 고기(高氣, 엉터리 한문)도 먹어야 기가 높아진다. 사찰에서 스님들은 기를 죽이기 위해서 기를 높이는 식품인 파, 마늘, 부추를 먹지 못하게 한다. 한문의 암(癌)자를 풀어 보면 병질 엄广 안에, 입구 口자 세 개로 만들어져 있다. 중국인들은 옛 날부터 '암'을 과식 때문에 생기는 병이라고 생각해서 이렇게 암(癌)자를 창제했다.

건강한 미인과 미남이 출세하는 세상이다. '아름다움의 과학'(울리히 렌츠 지음, 박승재 옮김, 프로네시스 펴냄)에 따르면 저자 독일의 의사이자 과학 전문 저술가인 그는 "아름다움은 절대 권력이다", "예쁘면 착하다", "잘생긴 사람이 일도 잘한다" 등 세상에 떠돌고 있는 통설이 맞는 말이라고 단정한다.

미국 텍사스대의 학자 데벤드라 싱에 따르면 여성의 경우 허리에서부터 엉덩이까지의 비율이 곧 신체미의 포괄적 판단 근거이다. 1920년대부터 80연대까지 미스 자메이카 우승자들의 신체를 측정한 결과 그들의 허리-엉덩이 비율은 0.72에서 0.69사이였다. 미국 젊은이들에게 높은 인기를 끌고 있는 잡지 '플레이보이'誌 모델들의 비율은 0.69에서 0.68사이. 매력적 몸매의 황금률은 허리, 엉덩이의 비율이 0.7 선상에 있었다.

여기에 완벽한 좌우 대칭, 동안(童顔), 큰 눈, 매끄러운 피부, 키 큰 남성 등 이미 오래전부터 암묵적으로 사회적 합의가 이뤄진 미의 덕목들에 통계 근거로 힘을 실어 주었다. 1960년 대통령 선거에 소년의 얼굴을 가진 존 F. 케네디가 TV에 등장하자 7,000만 미국 유권자들은 그에게 삽시간에 매료됐다. 독일의 빌리 브란트, 헬무트 슈미트, 비욘 엥홀름 등 잘생긴 정치가들의 선전(善戰)도 그들이 선천적으로 미남 멋쟁이로 태어났기 때문에 유권자들의 관심을 끌어 출세한 인물들이라고 한다.

대학 캠퍼스에서는 예쁜 여대생이 A+학점을 받으면 남학생들은 "얼굴도 예쁜데 공부도 잘해"라고 칭찬한다. 그런데 못생긴 여대생이 A+를 받으면 남자들은 "독한 년!"이라고 몸서리를 친다고 한다. 이는 싱거운 남학생들이 재미로 지어낸 유머이지 사실은 아닐 것이다.

미국 노스케롤라이나대 경영학과 다이엘 M. 케이블 교수와 플로리다 대 경영학과 티머시 A. 저지 두 교수가 공동으로 2000년 한 연구보고서를 발표했는데 그 연구에 따르면 미국 성인 남자의 평균 키는 173cm인데 이보다 2.5cm 더 큰 사람들은 연봉을 약 879 달러 더 받는 것으로 나타났다. 남녀를 불문하고 모두 매력적이지 않다거나 키가 작다고 평가되는 사람들은 중대한 소득상의 불이익을 당한다는 것이다. 남자는 키 큰 남자가 임금의 특혜를 누리는 반면 뚱뚱한 여성은 임금상의 불이익을 당한다고 발표했다.

'외모 상상 이상의 힘'이란 부제를 가진 룩스(LOOKS)(고든 팻쩌 지음, 한창호 옮김, 한스미디어 펴냄)는 우리 사회에 만연하고 있는 '아름다운 것이 좋다'는 사람들의 인식이 얼마나 뿌리 깊고 구석구석 영향을 미치는지를 잘 보여준다. 저자인 고든 팻쩌는 외모연구소의 설립자이고 시카고 루스벨트 대 종신 교수로 재직하면서, 30년 동안 외모지상주의(Lookism)를 연구했다. 그에 연구에 따르면 남자의 경우 큰 키, 멋진 근육, 강인한 다리 등이 선호되고, 여성의 경우 백옥 같은 피부(소화기가 건강하다는 증거란다)나 흑단(黑檀) 같은 머리, 자그마한 몸집(출산성공률이 높다고 함)등이 선호된다. 매력적인 외모로 인한 혜택은 병원 신생아실에서 부터 시작된다. 매력적인 신생아는 특별대우를 받는다. 학교를 졸업한 뒤에는 사회생활에서 기업이나 국가의 인사 담당자들도 예외 없이 매력적인 외모를 선호한다. 정의로워야 할 법관과 배심원들도 매력적인 외모의 소유자에게 늘 관대한 판결을 내린다. 능력에 대한 평가가 가장 확실할 것 같은 군대에서도 미남, 미녀출신이 승진에 더 유리하고, 대학에서 아름다운 여성교수는 교수평가에서 남자 학생들에게 대단히 긍정적인 평가를 받는다.

건강과 가족의 중요성에 대한 법칙,
1,000억짜리 강의를 기억하라

여러분들은 상비약(常備藥) 셋을 가지고 계십니까?

우리가 흔히들 평가(評價)하기를 성공(成功)한 사람이라면 적어도 명예(名譽), 지위(地位), 돈(富), 어느 것 하나 놓칠 수 없는 꼭 구비해야 할 요건(要件) 중의 하나라고 평가하는데 이의(異義)가 없는 줄로 알고 있습니다. 그런데 과연 여러분들은 그렇다고 동의(同意)하십니까? 위 세 가지를 모두 갖춘 당대의 재벌 그룹의 회장의 강의를 듣기 위해 수천 명의 그룹간부사원들과 내빈 그리고 기자들이 회의장을 가득 메웠습니다.

그는 이미 세상에 알려 진대로 명연설가(演說家)였다. 그러면서도 평소에 사내외에 강의나 인터뷰(Interview)를 하지 않는 것으로 유명했음은 물론 과묵하기로 소문나 있었기 때문에 참석자들은 그가 어떤 말을 할지 이번 기회를 놓칠 수 없었던 것이었습니다.

모인 청중들은 회장의 명강의(名講義)를 듣기 위해 기대를 잔뜩 가지고 귀를 쫑긋 세우고 있었습니다. 그는 등장하자마자 다짜고짜 칠판에 무언가를 크게 적었습니다.

'1000억'

그리고 강의를 시작했습니다. "외람(猥濫)된 말씀이긴 합니다만 저의 재산이 아마 1000억 원은 훨씬 넘을 것 같습니다" 그의 첫마디였다. 회의장에 참석한 모든 사람들은 이미 다 알고 있었던 사실이었음으로 고개를 끄덕이면서 모두가 긍정적 태도를 보였습니다.

"여러분, 이런 제가 부럽습니까?"

모두가 "예~" 하며 여기저기서 대답들이 들려왔습니다. 이 대답을 듣고 난 후, 재벌 회장은 강의(講義)를 계속했습니다. "지금부터 누구든지 나와 같은 성공을 거두시려면 어떻게 해야 하는지에 대한 강의를 시작하고자 합니다."

여러분! 1000억 중에는 "0"이 셋입니다.

첫 번째 0은 명예(名譽)입니다.
두 번째 0은 지위(地位)입니다.
세 번째 0은 부(富, 돈)입니다.

이것들은 인생에서 누구에게나 필요도 하겠지만 선망의 대상이 될 수도 있습니다. 사람들은 모두 고개를 끄덕였습니다. '그럼 0 앞에 있는 1'에 대해서 제 의견을 설명해 드리겠습니다. '1'은 바로 '내 건강과 가족'입니다. 여러분! 만일 위의 숫자에서 1을 없애면 1000억이란 숫자가 어떻게 되겠습니까? 바로 0원이 되어 버립니다. 1은 아무 소용없는 숫자입니다.

"바로 그렇습니다. 인생에서 명예, 지위, 돈도 중요하지만 아무리 명예가 훌륭하고 지위가 높고 돈을 많이 가지고 있다고 하더라도 내가 건강(健康)하지 못하고 또 가족(家族)이 없다면 내가 가진 모든 것은 가치가 없을 것이고 바로 실패한 인생이 되어버린다는 말씀입니다."

강의를 듣고 있던 청중들은 그제서야 진정한 '성공의 의미'를 알겠다는 듯 모두들 고개를 끄덕였습니다. 그리고 잠깐 술렁이던 장내(場內)가 갑자기 쥐죽은 듯 조용해졌습니다.

지금까지의 이야기와 강의는 별 의미가 없었다는 듯 재벌 회장께서는 가장 핵심(核心) 부분을 다음과 같이 소개하기 시작합니다. "제가 잘 알고 지내던 명의(名醫)께서 남긴 중요한 말씀"을 전해 드리겠습니다.

여러분, 여러분들께서 이미 잘 알고 계시는 훌륭한 세 분의 의사를 소개하겠습니다. 세분의 의사 이름은,

첫째 의사는 Food(음식) 입니다.
둘째 의사는 Sleeping(수면)입니다.
셋째 의사는 Exercise(운동)입니다.

여러분! 이 의사들을 마음에 꼭 새겨두시면 좋겠습니다. 음식은 위(胃)의 4분의 3(75%)만 채우시고 절대로 과식(過食)하지 않으신다면 건강하게 살아갈 수 있습니다. 수면은 밤 10시 이전에 잠을

자고 아침 6시 해가 뜨기 전에 일어나신다면 어떻겠습니까?. 형편에 따라 다를 수도 있겠지만 수면 8시간은 필수 요건입니다. 운동은 열심히 걷다 보면 웬만한 병은 다 나을 수 있습니다. 연령에 따라 조금은 다르기도 하지만 매일 하루 2Km 이상을 걸으시면 건강은 보장된다고 합니다. 이상은 극히 보편적이고 이미 잘 아시는 내용들입니다.

음식, 수면, 운동을 잘 실천 하시면서 아래의 세 가지 귀중하고 필수(必須)적인 약(藥)과 함께 복용하시면 효과(效果)가 더욱 크다는 사실만을 놓치지 마시기 바랍니다.

육체의 건강과 더불어 마음과 생각과 영혼의 건강을 위해 꼭 필요한 약 세 가지는,

첫째, 웃음(Laughter)입니다.
둘째, 사랑(Love)입니다.
셋째, 감사(Thanks)입니다.

육체만 건강한 것은 정확히 말하면, 반쪽 건강에 불과합니다. 영혼과 마음과 생각과 육체가 골고루 건강한 사람이 되어야 진정한 건강을 갖추었다고 말할 수 있습니다. 건강한 육체를 지닌 사람이란 웃음이 얼굴에서 떠나지 않는 사람, 사랑이 몸에 배어있는 사람, 그리고 감사가 넘치는 사람입니다.

12

성공을 기대하라

자신을 믿어라 그리고 성공과 성취를 기대하라

EXPECT SUCCESS.

Believe in yourself. Expect success.

너 자신을 믿어라.

너 자신을 스스로 존경하고 사랑하고 믿지 않는다면 어느 누가
너를 사랑하고 존경하고 믿어주겠느냐. 먼저 너 자신을 믿으면 하
루 종일 네가 생각한 대로 일이 된다. 그리고 아침에 출근해서 사
무실 책상에 앉았을 때 전화기가 울리면 그 순간 오늘은 좋은 일이
반드시 일어날 것이라고 기대하라. 마음에 품은 것은 언젠가는 반
드시 성취되기 마련이다.

성공은 기본을 충실하게 수행하는 데서 오는 것이다. 일이 잘 풀리지 않으면 다시 기본으로 돌아가라. 주위에 있는 실패한 사람들을 유심히 살펴보아라. 왜? 그들은 실패했을까? 그 근본 원인이 무엇인지?. 성공하는 사람은 실패한 사람이 하지 않는 것을 하는 사람들이라는 사실을 항상 명심해야 한다.

성공을 믿어라.

그리고 아침에 회사에 출근해서 사무실 책상의 전화기가 울리면 그 순간 오늘은 좋은 일이 생길 것이라고 기대하라. 너 자신을 스스로 존경하고 사랑하고 믿으라. 그렇게 하지 않는다면 어느 누가 너를 사랑하고 존경하고 믿어주겠느냐. 너 자신을 믿으면 하루의 모든 일들이 네가 생각한 대로 된다.

성공은 대단한 것이 아니다. 성공은 평범함을 넘어선 너 자신의 생각과 행동의 작은 차이에서 오는 결실이다. 성공은 매사에 기본에 충실하는 데서 출발하는 것이다. 튼튼한 건물의 기초같이 출발부터 일의 기본을 보다 잘하면 된다. 한마디로 요약한다면 성공하는 사람은 실패한 사람이 하지 않는 것을 하는 사람들이다.

〈중용〉제23번장 '기치치곡장(基次致曲章)'에 성공을 위한 촘촘한 단계가 숨어있다,

'작은 일도 무시하지 않고 최선을 다해야 한다. 작은 일에도 최선을 다하면 정성스럽게 된다. 정성스럽게 되면 겉에 배어나오고, 겉에 배어나오면 겉으로 드러나고, 겉으로 드러나면 이내 밝혀지고, 밝혀지면 남을 감동시키고, 남을 감동시키면 이내 변하게 되고 변

하면 생육된다. 그러니 오직 세상에서 지극히 정성을 다하는 사람만이 나와 세상을 변하게 할 수 있는 것이다.'(其次 致曲 曲能有誠 誠則形 形則著 著則明 明則動 動則變 變則化 唯天下至誠 爲能化)

성공도 습관이다

성공하는 CEO의 주요 습관 6가지

1. 회사에 일찍 출근한다. 서양 속담에 '출근 순서와 고급차의 순서는 일치한다'는 말이 있다.

2. 자신만의 작전타임을 가진다. 자신과의 대화의 시간을 가져야 아이디어도 충전될 수 있다.

3. 정리 정돈을 잘한다. 집무실을 방문해보면 대부분 책상의 정리 정돈이 잘 돼 있다. 늘 당면 과제를 신속하게 처리하기 때문에 밀리는 것이 없어서다.

4. 공짜를 바라지 않는다. 일에는 반드시 대가를 치러야 한다는 생각을 하므로 신뢰가 생기고 상호 원원의 전략을 택할 수 있다.

5. 기록하는 습관을 갖고 있다. 적자생존. 즉 적는 사람만이 살아남는다는 것이다. 기록이 있어야 갑자기 전화가 와도 기억을 쉽게 되살릴 수 있다.

6. 겸손하고 사람에 대한 관심이 많다. 성공한 장수 CEO들은 엘리베이터 앞까지 나와 손님을 배웅한다.

40대 샐러리맨 성공 7제(題)

1986년 2월, '월드 익제큐티브스 다이제스트'(World Executives Digest)

1. 업무와 관련된 지식을 배워 두어라. 지식이 있으면 올바른 판단력, 사람을 다루는 방법, 적정한 목표설정이 가능하다.

2. 자신과 자신의 업무에 가장 적합한 스타일을 찾아내라. 자신이 좋아하고 가장 잘 할 수 있는 업무 등을 스스로 터득하고 있어야 한다. 그래서 자신만의 독특한 스타일을 가진 완성된 인간으로 부각될 수 있다. 자신만의 복장, 색깔, 줄무늬 티셔츠 등 그것으로 트레드마크를 삼아라. 꽃을 좋아하면 비서에게 책상에 매일 새 꽃을 준비하게 하라. 이 모든 것이 자신과 타인을 구별하는 특성이 된다.

3. 자신의 약점을 이해하고 있어야 한다. 할 수 없는 일과 할 수 있는 일, 참을 수 없는 일과 참을 수 있는 일을 스스로 파악하고 받아들여야 한다. 하기 싫은 일은 오기로 하지 말라. 스스로의 약점을 인정하라. 그것도 어차피 자신의 일부이다.

4. 자신의 강점을 알아야 한다. 가장 자신 있는 일이 무엇인지를 아는 것은 무엇보다 중요하다.

5. 폭넓은 교우관계를 형성할 것. 정치는 물론 비즈니스에도 도움을 받을 수 있는 수많은 사람이 필요하다. 그것은 평소에 자신이 얼마나 남에게 도움을 주어 왔느냐와 직결된다.

6. 권위를 지켜라. 함부로 잡담을 하거나 자신의 구상을 말하지 말고 조용히 침묵하면서 현명하게 보이는 법을 배워라. 입의

무거움은 황금과도 같은 것이다. 많은 사람들이 조심성 없는 말 때문에 도태되는 경우가 허다하다.

7. 차상급자에게 충성을 다하라. 정상에 오르는 길은 충성스러운 친구라는 평판을 얻었을 때 비로소 가능하다.

아시아 최고부자 長江그룹 회장 李嘉誠(리카싱)의 성공 3제

아버지를 여의고 중학교를 중퇴한 가난한 소년. 찻집 종업원, 시곗줄 외판원을 전전하며 거대 화상(華商)의 꿈을 키운 노력파, 22세에 장강그룹을 창업해 54개국에 500여 개 기업을 거느린 천재적 기업인, 자신의 개인 재산 33%, 6조 원을 사회에 쾌척한 그가 주장한다. "진정한 부귀는 금전을 사회봉사에 쓰려는 참된 마음에 있습니다"라고. 그리고 그는 이렇게 설파한다. 성공하기 위해서는,

1. 열심히 일(노력)하고 인내력과 강한 의지를 가져야 한다.

2. 끊임없이 배운다. 혁신한다. 여기에 더 중요한 것은 지식이다. 특히 자신의 비즈니스 분야에서 가장 업데이트된 지식을 가져야 한다. 나아가 현재를 넘어 미래에 자기 비즈니스가 어떻게 발전할지에 대한 지식을 갖는 것은 필수적이다. 그가 말하는 지식이란 더 넓은 비전과 비판적 사고 능력, 건설적 진보를 위한 논리적 귀납 같은 것. 외판원 시절 그는 바쁜 와중에도 영어단어장을 만들어 틈날 때마다 외우곤 했다. 그의 독서습관은 60이 넘은 지금도 쉴 줄 모른다. 여든 고령에도 세계의 변화와 정세에 정통하고 최첨단 IT분야까지 소상하게 꿰뚫고 있

는 것은 취침 전 최소 30분 이상은 책을 읽는 평생의 불문율 덕분이라 한다.

3. 정직과 신뢰로 자신에 대한 좋은 평판(reputation)을 쌓는 것 이라고 말한다.

폴 J 마이어, 성공은 훈련이다.

폴 J 마이어, 그의 저서 〈Total Leader〉에서, "성공은 훈련이다" 라고 정의하고 있다. 그가 제시한 성공을 위한 기본원칙은 다음과 같다.

1. 선택한 분야에서 최선을 다해 원칙들을 배우고 마스터하라.

전문가의 자문을 받아 실수를 최소화하고, 습관으로 인한 저효율을 방지하라.

2. 매일 몸과 마음을 단련하고 조절하라. 체계적인 계획과 매일 매일의 훈련을 통해 꿈을 실현한다.

3. 약점이 강점이 될 때까지 연습하라.

4. 경쟁 대상을 생생하게 마음에 상상하면서 연습하라.

5. 완벽할 때까지 연습하라.

동두천 두레교회 김진홍 목사의 성공에 이르는 4가지 원리

1. 집중의 원리. 참다운 용기란 무엇이냐?. 가장 중요한 것을 선택하기 위해 보다 덜 중요한 것을 과감하게 버리는 것이다. 한자의 사자성어인 精神一道 何事不成이란. 마음을 다하고 성품

을 다해서 맡은 일에 전력투구해야 한다. 빈 마음으로 임하라, 즉 전적으로 하느님에게 의뢰하는 겸손한 마음, 간절한 마음으로 일을 해 나가야 한다.

2. 넓게 보면서도 한편으로 세밀하게 살펴라. 철학자 탈레스는 우주가 뭐냐를 너무나 골똘히 생각하다가 하수도에 빠지기도 했다. 역사적으로 보면 스케일 면에서 우리보다 작은 세심한 일본이 통 큰 한국을 이겨왔다. 성경 마태복음에는 '큰 것을 이루려면 적은 일에 충성해야 하고 이렇게 하면 하느님은 너에게 큰 것을 맡기리라'라고 말하고 있다.

3. 항상 현장에 발을 딛고 있어라. 현장을 지켜라. 현장을 보지 않고 책상에 앉아서 계획을 세우거나 지시를 내리는 것은 실패하기 쉽다. 조직의 지도자는 직원보다 먼저 출근해서 현장을 체크하고 가장 나중에 퇴근하는 솔선수범을 보여라.

4. 조직의 분명한 목표를 세우고. 구체적인 실천계획을 수립해서 이 계획을 실천계획에 따라 전 과정을 한 단계 한 단계 순서대로 제대로 밟아야 성공한다.

5. 반복의 원리. 하는 일을 계속 되풀이하는 중에 고수가 되고 전문가가 되며 결국에는 금메달을 차지하게 된다. 영어학습도 반복의 원리가 최고의 지름길이다.

6. 접촉의 원리. 해야 할 일이나 만나야 할 사람이 있으면 빙빙 돌지 말고 정면으로 부딪쳐 관련된 사람을 만나야 한다.

7. 본질의 원리이다. 주요하지 않은 지엽적인 곁가지에 메이는

사람은 근본적인 속 알맹이를 놓칠 수 있다. 본질을 확실하게 잡고 마음을 집중해서 맡은 일에 일관되게 추진해 나가는 사람이 어느 곳에서나 쓰임을 받기 마련이다.

차동엽 신부가 강론한 성공을 위한 '무지개 원리'

일곱 색깔 무지개 원리를 가슴에 품고 절대긍정, 절대희망, 절대행복을 확신하라.

1. 긍정적으로 생각하라.

2. 지혜의 씨앗을 뿌려라.

3. 꿈을 품으라.

4. 성취를 믿어라.

5. 말을 다스리라.

6. 습관을 길들이라.

7. 절대로 포기하지 말라.

성공하는 사람들의 7가지 습관, 방기봉, ㈜E&C정보기술회장.

1. 모든 일에 주도적이 되라. 삶은 살아지는 것이 아니라 살아가는 것이다.

2. 세운 목표를 확신하고 바로 행동하라. 이제부터 나의 행동, 정신, 희망의 도달점은 나와 나를 의지하는 모든 사람들과의 교감이자 발전이다.

3. 일의 처리순서는 소중한 것부터 먼저 하라.

4. 누구와도 일을 할 때 상호이익을 추구하라.

5. 먼저 상대방의 말을 경청한 다음에 그리고 이해시켜라.

6. 시너지를 활용하라. 내가 얻은 희망과 의지는 함께 살아가는 사람들과 있을 때 그 빛을 발휘하고 의미 있는 것이다.

7. 심신을 단련하라.

귀하가 출세를 원한다면 먼저 야심가가 되라.

오늘날 사회적 출세의 중심이 되는 것은 명성이다. 명성은 재산이나 직위보다도 더 높은 사회적 지위를 부여해 준다. 성공적으로 출세를 하려면 스스로 명성을 획득하거나, 아니면 다른 사람의 높은 명성에 아부를 해야 한다. 스스로 명성을 얻으려고 노력하는 것보다 명성에 아부를 하는 것이 훨씬 더 빠르고 쉽다. 아부를 위한 지름길을 아래에 소개한다. 21세기 세계패권의 심장인 미국대통령 관저 백악관은 아부의 세계챔피언들이 다모여 공연을 펼치는 드림팀의 경연장이다.

1. 다른 사람의 명성에 편승하라. 자신의 지위를 높이기 위해 다른 사람의 지위를 이용할 수 있다. 이를 위해 지위 향상에 도움이 되는 각종 사교 그룹에 적극적으로 참여하는 것이 중요하다.

2. 유명인사와 친구가 되어라. 유명인과 친구가 되는 것만으로도 사회적 지위와 명성을 바로 얻을 수 있다.

3. 홍보전문가를 고용한다. 나를 가장 잘 홍보해 줄 수 있는 최고

홍보전문가를 고용한다면 하루아침에 나의 지위를 향상시킬 수 있다.

4. 자신을 세일스(판매)해야 한다. 지금은 남이 나를 알아줄 때까지 기다리는 시대가 아니고 나 자신이 스스로 자신을 홍보해야 하는 시대이다.

5. 자신의 의도를 노골적으로 드러내야 한다. 세계적인 빅스타인 마돈나는 자기 홍보에 천재적인 능력을 발휘했기 때문에 세계 사교계와 쇼 비즈니스 업계에서 두각을 나타낼 수 있었다.

세계 최고의 명문 하버드 대학 도서관 벽에 적혀있는 글귀를 소개한다.

01. 지금 잠을 자면 꿈을 꾸지만 지금 공부하면 꿈을 이룬다.

(Sleep now, you will be dreaming, Study now, you will be achieving your dream.)

02. 내가 헛되이 보낸 오늘은 어제 죽은 사람이 갈망하던 내일이다.

(Today that you wasted is the tomorrow that a dying person wished to live.)

03. 늦었다고 생각했을 때가 바로 가장 빠른 때이다.

(When you think you are slow, you are faster than ever.)

04. 오늘 할 일을 내일로 미루지 마라.

(Don't postpone today's work to tomorrow.)

05. 공부할 때의 고통은 잠깐이지만 못 배운 고통은 평생이다.

(The pain of study is only for a moment,but the pain of not having studied is forever.)

06. 공부는 시간이 부족한 것이 아니라 노력이 부족한 것이다.

(In study, it's not the lack of time, but lack of effort.)

07. 행복은 성적순이 아닐지 몰라도 성공은 성적순이다.

(Happiness is not proportional to the academic achievement, but sucess is.)

08. 공부가 인생의 전부는 아니다. 그러나 인생의 전부도 아닌 공부 하나도 정복하지 못한다면, 과연 무슨 일을 할 수 있겠는가.?

(Study is not everything in life, but if you are unable to conquer study that's only a part of life, what can you be able to achieve in life?)

09. 피할 수 없는 고통은 즐겨라.

(You might as well enjoy the pain that you can not avoid.)

10. 남보다 더 일찍 더 부지런히 노력해야 성공을 맛볼 수 있다.

(To taste success, you shall be earlier and more diligent.)

11. 성공은 아무나 하는 것이 아니다. 철저한 자기 관리와 노력에서 비롯된다.

(Success doesn't come to anyone, but it comes to he self-controlled and the hard-working.)

12. 시간은 멈추지 않고 간다.

(The time never stops.)

13. 지금 흘린 침은 내일 흘릴 눈물이 된다.

(Saliva you drooled today will be tears falling tomorrow.)

14. 개같이 공부해서 정승같이 놀자.

(Study like a dog and play like a premier.)

15. 최고를 추구하라. 최대한 노력하라. 그리고 최초에는 최고를
    위한 최대의 노력을 위해 기도하라.

(Pursue the top. The maximum endeavor. And to the beginning for

the effort of the maximum for a top intend.)

16. 미래에 투자하는 사람은 현실에 충실한 사람이다.

(A person who invest in tomorrow, is the person who is faithful to

today.)

17. 학벌이 돈이다.

(The academic clique is money itself.)

18. 오늘 보낸 하루는 내일 다시 돌아오지 않는다.

(Today never returns again tomorrow.)

19. 지금 이 순간에도 적들의 책장은 넘어가고 있다.

(At this moment, your enemies books keep flipping.)

20. 고통이 없으면 얻는 것도 없다.

(No pains No gains.)

21. 꿈이 바로 앞에 있는데 당신은 왜 팔을 뻗지 않는가.

(Dream is just in front of you. Why not stretch your arm.)

22. 눈이 감긴다면, 미래를 향한 눈도 감긴다.

(If you close your eyes to the present, the eyes for the future close as well.)

23. 졸지 말고 자라.

(Sleep instead of dozing.)

24. 성적은 투자한 시간의 절대량에 비례한다.

(Academic achievement is directly proportional to the absolute amount of time invested)

25. 가장 위대한 일은 남들이 자고 있을 때 이뤄진다.

(Most great achievements happen while others are sleeping.)

26. 지금 헛되이 보내는 이 시간이 시험을 코앞에 둔 시점에서 얼마나 절실하게 느껴지겠는가.

(Just before the examination, how desperate would you feel the time you are wasting now.)

27. 불가능이란 노력하지 않는 자의 변명이다.

(Impossibility is the excuse made by the untried.)

28. 노력의 대가는 이유 없이 사라지지 않는다. 오늘 걷지 않으면 내일은 뛰어야 한다.

(The payoff of efforts never disappear without redemption.If you don't walk today, you have to run tomorrow.)

29. 한 시간 더 공부하면 남편 얼굴이 바뀐다.

(One more hour of study, you will have a better husband.)

30. 건강을 잃으면 모든 것을 잃는다.

(To lose your health is to lose a everything.)

프랑스 정신과의사 프랑수아 를로르 저, '꾸뻬 씨의 행복 여행'

　성공한 의사인 꾸뻬 씨는 성업 중인 진료실 문을 닫고 세계여행을 떠났다. 그 여행을 통해 그는 무엇이 사람을 행복하게, 불행하게 만드는지를 수첩에 적었다.

〈행복의 조건〉

　1. 자신을 다른 사람과 비교하지 말라.

　2. 자신이 좋아하는 일을 하라.

　3. 다른 사람에게 꼭 필요한 존재가 되라.

　4. 행복은 사물을 바라보는 방식에 달려있다.

　5. 행복은 좋아하는 사람과 함께 있는 것이다.

프랑스 미래학자 자크 이탈리의 저서 '살아남기 위하여'

　이 불안의 시대에 살아남고 싶다면 아래에 소개하는 생존수칙 7가지를 기억하라.

　1. 자긍심의 원칙

　즉 자신을 중요하게 여겨야 한다. 끊임없이 자신을 성장시키고 개혁하여 자신이 가진 최고의 능력을 끌어내며 자신이 현재 아는 것과 할 수 있는 것에 만족하지 않고 쉼 없이 더 나은 존재이유를 만들어 가야 한다는 뜻이다.

2. 전력투구의 원칙

시간의 밀도를 높이는 것을 뜻하며 매 순간 마지막인 것처럼 최대한 충만하게 살라는 얘기이다.

3. 감정이입의 원칙

다른 사람을 자신이 원하는 방식으로 보지 말고 있는 그대로 보아야 한다. 감정이입은 적을 알게 하며, 따라서 적에 대한 두려움을 없애준다. 또 동지를 구분해주며 네트워크 형성을 도와준다.

4. 탄력성의 원칙

아무리 대비를 한다고 해도 위험은 언제고 현실화될 수 있으므로 충격을 견디는 힘을 기르는 것이 중요하다.

5. 창의성의 원칙

충격을 견디는 탄력성이 제대로 기능하지 않는 경우라면 위험을 어쩔 수 없는 현실로 받아들이고 이를 다시 튀어오를 기회로 바꾸는 창의적인 자세가 필요하다.

6. 유비쿼터스의 원칙

하나의 정체성만으로 만족하지 않고 위험을 피하기 위해서는 지금까지의 자신이 아닌 다른 사람으로 변할 수도 있어야 한다.

7. 혁명적 사고의 원칙

앞에서 기술한 원칙 중 그 어느 것도 생존을 보장해주기에 역부족이라면 어쩔 수 없이 기존의 모든 질서를 흔들기로, 모든 규칙을 전복시키기로 결심해야 한다.

현인이 되는 일곱 가지 조건, '탈무드 제4장 탈무드의 머리'

1. 자기보다 현명한 사람이 있을 때는 침묵하다.

2. 남의 이야기를 중단시키지 않는다.

3. 대답할 때에는 당황하지 않는다.

4. 언제나 핵심을 찌르는 질문을 하고 이치에 맞는 대답을 한다.

5. 먼저 하지 않으면 안 되는 것부터 착수하고 미룰 수 있는 것은 맨 나중에 한다.

6. 자기가 모를 때에는 그것을 솔직히 인정한다.

7. 진실을 인정한다.

Part3

성공학, 물을 통해 배우다

Success

01

물과 같은 이로운 사람이 되어라

물은 그 자체로 중요하다

물은 그 자체가 지닌 독특한 특성과 역할 때문에 인간에게 훌륭한 교훈을 주는 스승이다.

최근에 "나를 물로 보지 마"라는 음료광고가 등장한 일이 있었다. 이 광고의 내용은 물은 정말 값싸고 보잘것없는 존재로 대우하고 있음을 웅변으로 증명한 셈이다. 그러나 이제는 물에 대한 인식을 근본적으로 혁신해야 할 시점이 도래했다. 지금이야말로 "제발 나를 물로 봐줘"로 바꿔야 할 정도로 물의 위상이 높아졌다.

물은 모든 동식물 조직의 세포와 광물결정의 성분이며 생물계에서는 동식물의 영양섭취를 비롯해 모든 생명현상에 필수적이고 엄청나게 중요한 역할을 한다. 공업분야에서도 물은 용매, 촉매, 화학 반응의 매질로서 이용된다. 또한 물질 수송과 폐기물 처리의 운반 수단으로, 회석제, 분산제, 냉각제로서, 나아가 열 생성, 열 분배에도 결정적인 역할을 할 뿐 아니라 수력발전에도 이용된다.

물은 상온에서 무색, 무미, 무취의 액체이다. 자연에 존재하는 순수한 물은 눈과 얼음이고 그 다음으로 순수한 것이 비이다. 바닷물은 염화나토륨을 주성분으로 여러 가지 용해물질을 함유하고 있으며 그 함유율은 질량비로 평균 약 3.5%이다.

좋은 물은 내 몸을 건강하게 만들어 스스로 질병을 극복하게 해주기 때문에 특정 질환만을 치료하기 위해서 만든 현대의학의 약과는 다르다. 물이 바로 만병통치약이다. 물은 만병의 근원을 해결해 주는 능력을 지니고 있다. 좋은 물은 미네랄이 풍부하고 혈액순환을 원활하게 하고 면역기능을 상승시키고 장내 미생물과 인체를 조화롭게 해주며 모든 병의 근원이며, 노화의 원인인 활성산소를 제거해 준다. 미네랄 부족, 혈액순환장애, 면역기능저하, 장내 미생물, 활성산소로 발생하는 질환들을 치료하는 데는 좋은 물이 해답이 될 수 있다. 미네랄이 적당량 녹아있고 약한 알카리성을 띤 물이 이러한 치료제의 역할을 한다.

건강한 물은 독성물질을 몸 밖으로 배출하고 맑고 건강한 몸을 만드는데 가장 필수적인 기본요소이다. 이 세상에서 최고의 자연 치료제는 물이다. 인간이 고통을 겪고 있는 현대 질병 가운데 적어도 1/3은 잘못된 수분 섭취에 따른 수분 불균형에 의한 것이라고 한다. 따라서 물만 제대로 마셔도 질병의 1/3을 예방할 수 있다.

칼륨이 많이 든 과일과 야채는 천연 그대로의 물이다. 과일은 70-80% 이상이 물이며 칼륨 외에 여러 가지 영양분이 풍부해서 우리 몸에 가장 좋은 물이다. 미네랄이 적당량 녹아있고 약한 알카리성을 띤 물이 이러한 역할을 한다.

성능이 좋은 이온교환수지 정수기나 역삼투압 정수기는 유해불질, 이물질, 중금속을 걸러내지만 이로운 미네랄까지 함께 걸러내는 단점이 있다. 이런 정수기를 통과한 물은 증류수와 다를 게 없다. 증류수에는 전해질이나 미량 원소들이 없으므로 삼투압이 제로에 가깝다. 따라서 증류수를 장기복용하게 되면 세포에 부종(浮腫)이 생기고 흡수불량으로 설사를 유발할 수 있다.

물은 생명의 근원이다

수자원의 중요성을 들어보면 다음과 같다. 물은 인간생명의 근원이다. 물은 지구상 모든 생명의 발원(fons)이자 근원(origo)이다. 난자와 정자의 합성으로 시작되는 인간생명의 창조도 물의 힘이다. 모태(母胎)의 양수(羊水)와 인간의 체액 구성성분은 바닷물과 유사하다. 나트륨, 칼슘, 염소, 칼륨, 마그네슘 등이 바닷물과 비슷한 비율로 함유되어 있는데 이는 인류의 기원이 바닷물에서 시작되었음을 증명하는 것이다. 바다를 고대 수메르어로 MAR이라고 하는데 이는 '자궁'이란 뜻이다. 인간은 창성기를 모태의 따뜻한 양수 속에서 자라다가 대기 중으로 태어나면 따뜻한 물로 온몸을 씻고. 평생 약 70톤의 물을 마시고, 33톤의 대소변을 배설하고, 12톤의 땀을 흘리며, 숨을 거두면 물로 몸을 닦고 입관, 화장해서 한 줌의 재가 되어 다시 강물로 되돌아가는 존재이다. 인간의 하루 생활을 추적해 보면 물로 시작해서 물로 마감한다. 물은 생명의 뿌리이면서 부패의 근원이다. 물은 생명을 살리기도 하고 죽이기도 한다. 인간의 생명을 죽이는 부패는 물, 즉 습기가 있어야 시작된다. 서양에서 아름다움의 상징으로 대표되는 여신 비너스도 바다에서 잉태해서, 태어난 신화의 주인공이다. 물이 창조해낸 비너스육체의 아름다움은 화가들에 의해 그림으로 수없이 그려졌다.

물을 떠난 인간생활은 전혀 불가능하다.

우리 몸 전체의 70~90%가 물로 되어 있고, 어린이는 거의 90%가 물로, 여윈 노인도 60%가 물로 채워져 있다. 성인의 경우 생존을 위해 적어도 하루에 2.5~3 l (8컵 내지 12컵)의 물을 마셔야 한다. 인간은 우리 몸에서 물이 1~2% 부족해도 심한 갈증을 느끼고, 5%가 부족하면 현기증이 나고 거의 혼수상태에 빠지며, 물이 12% 부족하면 사망에 이르게 된다. 우리가 매일 즐겨 마시는 커피와 차의 카페인과 술의 알코올은 탈수현상을 촉진시키는 작용을 하므로 이것이 포함된 음료수나 술을 마시면 부족한 수분을 보충하기 위해 그 만큼에 해당하는 양의 물을 더 마셔야 한다. 물은 모든 생산 활동의 기초이다. 농업용수, 공업용수, 레저용 물 등 야채통조림 1개 생산하는데 물1 l 가 소요되고, 1kg의 종이를 제조하는데는 → 100 l , 시멘트 1톤 생산하는데 → 4,500 l , 피혁 1톤 → 50톤, 철 1톤 → 4.3톤, 모직물 1톤 만드는데 → 물 2,700톤이 소요된다.

물의 밀도는 섭씨 4도에서 가장 크다. 만약 강이나 저수지 개울에서 물이 밑에서부터 위로 언다고 하면 우리는 강에서 스케이트를 탈 수 없을 것이고 바다 심해수의 순환을 막아 극지방은 인간이 생존할 수 없는 무서운 추위가 몰려올 것이다. 인간은 물에 엄청난 빚을 지고 있다. 하지만 인간은 원래 물은 당연히 있는 것으로 알고 그 고마움을 전혀 모르고 물에 엄청난 채무를 지고 있는데도 채권자로 착각하면서 살고 있다. 지구도 우리 몸과 마찬가지로 70%가 물로 구성되어 있다. 때문에 지구는 땅이 중심이 된 지구(地球)가 아니라 사실상 수구(水球)라고 불러야 한다. 몸도 물이요 땅(지구)도 물이라 "인간과 지구는 결국 물이다"라는 결론에 귀착하게 된다.

'물은 괴짜다. 그리고 무서운 힘을 가진 존재이다.' 처마에서 떨어지는 물방울이 댓돌을 뚫고 땅에서 반복되는 해빙과 결빙은 단단한 바위를 쪼개며 빙하가 지구를 훑어 넓은 계곡을 만든다. 물은 인간이 교만하게 자연을 훼손하면 얼마 후에는 홍수와 태풍으로 인간에게 엄청난 재앙을 가져다 주기도 한다.

인간 삶의 희로애락 속에는 반드시 물이 있다

인간은 살면서 희로애락(喜怒哀樂)이 교차할 때 반드시 물을 찾는다.

화날 때, 흥분할 때 "냉수 마시고 속 차린다." 기쁠 때도, 먼저 물

한잔을 찾는다. 인간은 물을 보면 마음이 편안해지고 여유가 생긴다, 이는 인간이 태어난 모태에 대한 귀소본능(歸巢本能)의 일면이다. 인간은 집을 짓거나 도시를 건설할 때 자연적인 수변공간을 얻지 못할 경우에는 인공 호수라도 축조해서 물과 가까이 한다.

물은 힘, 정력, 성숙, 가능성, 신선도를 상징한다. "한물 간 사람(一水去士)"→ 힘없는 자, 비주류, 권력에서 밀려난 사람을 말한다. "오늘 물 참 좋다"→ 도박판에서의 기회, 일확천금할 가능성을 상징이다. "물이 올랐다"→ 여성이나 식목의 성숙과 확대재생산의 가능성을 의미한다. "한물 간 생선"→ 신선도가 떨어져 오염상태에 돌입한 생선을 말한다.

물은 신성한 존재, 신앙의 대상이다. 기독교의 세례의식에 사용하는 성수, 물을 맞으면 모든 죄를 사함받고 거듭난다. 힌두교도들의 갠지스강에서의 목욕재계(沐浴齋戒, 목욕하고 마음을 가다듬어 부정을 피함)하면 사후 극락세계로 왕생한다. 첫 새벽에 길은 우물물, 정화수(井華水)는 재양을 쫓아내고 복을 기원하는 신령의 상징으로 모든 기도와 기원의식 그리고 약을 달이는 데 사용된다. 정화수는 민속신앙에서 신과 인간을 매개하는 존재이다. 우리 민족의 가장 소박한 혼례의식에 필수적인 것은 물이다. 밥 한 그릇이나 생선 한 마리로 상을 차리는 것이 아니라 냉수 한 사발 떠 놓고 식을 올린다.

세계의 3대 장수마을의 공통점도 첫째 맑은 물, 다음이 깨끗한 공기, 그리고 노동이다. 인도북부의 훈자, 흑해연안의 그루지야(혹은 조지아)의 압하지하(압하스), 에콰도르의 빌카밤바. 이들 장수마을은 해발 1000미터 이상의 고지대에 입지하고 있으며 공기가 맑고 깨끗하며 100세가 넘은 노인이라도 일을 손에서 놓지 않고 노동을 즐기는 공통점을 지니고 있다.

우리민족은 대표적인 탕반민족이다. 설렁탕, 곰탕, 선지국, 해장국, 보신탕. 삼계탕, 감자탕 심지어 냉수에 밥 말아먹는 식습관. 탕 종류는 국물(물)이 있어야 제조가 가능한 음식이다. 때문에 탕에서는 물인 국물이 절대적인 존재. 예로부터 "국물도 없다"는 말은 아무것도 얻을 수 없다는 뜻으로 비유되고 있다.

인류문명의 발상은 나일강, 황화, 인더스, 티그리스 유프라테스강 등 4대강 유역이다. 고대국가의 경우 치산치수(治山治水)가 국가경영의 기초. 치산치수와 전제군주 정치체제의 탄생과의 상관관계를 설명하는 수력사회론(水力社會論) 이론까지 등장했다. 즉 물을 다스리는 것을 수단으로 하여 고대 이집트와 중국에서 전제군주정이 출현했던 역사적 사실을 보면 인류역사는 태초부터 정치는 물을 다스리는 '치수'라는 패러다임에서 출발했다는 사실을 발견하게 된다.

인류는 시간이 지나면서 물 다스리기를 넘어 이용하는 방식을 개발함으로써 문명을 발전시켰다. 치수가 물을 가두는 것에 중점을 두었다면 운하는 물의 길을 만들어서 흐르게 하는 데 역점을 두었다. 치수가 농업을 위한 것이라면 운하는 인력과 물자를 유통시키는 상업이 주목적이다.문명이란 뜻의 Civilization은 인류의 역사가 강가에서 발달하기 시작한 도시 즉 City에서 유래한 단어이다.

바닷물이 아닌 담수는 역사적으로 문명을 부양하고 지속시킨 뿌리였다. 페르시아어 사전에 나오는 첫 번째 단어 'ab'는 '물'을 뜻한다. 인간이 중국의 한자(漢字)를 비롯한 문자의 창안한 것도 물의 흐름과, 물의 성질, 형태, 그 변화를 관찰한 데서 유래한 것이다. 한자의 다스릴 「治」자는 의미를 나타내는 水와 소리를 나타내는 台가 합쳐진 형성자, 원래의 의미는 "물을 잘 다스려 넘치지 않게 하다"이며 그 후 "다스리다"의 의미로 사용하게 되었다. -법 「法」자는 왼쪽에 있는 삼수변은 물을 뜻하며 바른쪽은 갈 거(去), 즉 법이란 물이 흘러가듯 순리대로 집행해야 한다는 뜻에서 만들어진 글자이다. 오염「汚染」도 더러울 오, 물들 염으로 되어 있는데, 더럽다는 뜻의 오염이란 말의 어원도 물에서 시작된 것이다.

인간의 철학과 사상 문학 등도 물의 성질과 특성에서 유래된 것이 대부분이다. 한 주일의 요일 한가운데에 물의 날. 즉 水자가 자리잡고 있다. 이것만 봐도 우리 인간이 물을 얼마나 중요시했나를 감지할 수 있다. 이는 물이 인간에게 가장 중요한 존재임을 상징하는 의미이다.

강은 교통수단을 제공하고 식량 생산의 원천이 되는 물을 공급해주고 인간에게 물에서 즐길 수 있는 레저기회를 제공하는 한편 도시발달에 중요한 역할을 한다.

인류문명의 발상과 더불어 멸망 또한 물 때문이었다

2000년간 남멕시코와 중앙아메리카를 지배하면서 서기 750년

경 300만 인구에 찬란한 문명을 자랑했던 마야제국이 멸망한 근본 원인은 2세기에 걸친 심각한 가뭄(旱魃) 때문이었다는 사실이 최근 고고학자들의 연구에 의해 밝혀졌다. 인류역사상 가장 강력했던 로마제국의 황금기를 구사할 수 있었던 것 그리고 한때 독일이 세계를 제패할 수 있었던 것도 그 근원에는 그 지역이 풍부한 강수량과 따뜻한 날씨 때문이었다고 한다. 영국이 산업혁명을 일으킬 수 있었던 것도 물을 이용한 증기기관을 발명한 데서부터 스타트한 것이다.

역사적으로 물로 흥해 세계를 주름잡았다가 물 때문에 망한 대표적인 나라가 중국이다. 도로가 전혀 발전하지 않았던 중국은 7세기 초에 토목공사를 통해 황허 강과 양쯔강을 운하로 연결하는 데 성공, 지리적으로 다른 두 지역의 자연자원(평야에서 생산된 곡물)과 인적 자원(도시)을 교류하면서 엄청난 시너지효과를 내 국가경제가 급성장하는 데 성공했다. 그러나 대 운하 덕분에 가능했던 자급자족적 경제에 만족, 안주하는 바람에 국가가 외국과의 교역을 포기하고 국제적으로 고립을 선택했다. 그 결과 중국의 발전과 경제는 정체되기 시작했다. 그 결과 중국은 1892년 아편전쟁에서 영국과 서구제국에 패배, 국력이 급속히 쇠락하는 역사의 아이러니를 겪었다. 반면 유럽은 중국과 달리 대륙 전체를 통합하는 내륙 수상 수송체계가 없었기 때문에 작은 국가단위로 발전, 교역과 자유 시장경제를 통해 기업들이 성장하면서 자본주의 경제체제가 탄생하게 되었다.

근대 이후 세계를 지배한 강대국은 영국과 미국이다. 영국은 팍스 브리타니카의 정점이던1869년 완공한 수에즈 운하. 이 운하를 통해 지중해, 홍해, 그리고 인도양을 연결, 세계 무역의 1/4, 산업 생산량의 30%를 점령하는 데 성공했다. 1914년에는 미국이 파나마운하를 건설함으로써, 세계의 패권이 영국에서 미국으로 넘어가고 말았다. 파나마운하는 대서양과 태평양을 가로 지르는 고속도로가 되었고 유럽과 아메리카대륙과 동 아시아지역을 정치적, 경제적, 군사적으로 긴밀하게 통합된 세계 규모의 글로벌 네트워크로 연결했다.

인간이 교만하게 더 이상 물과 함께 하지 않고 물을 지배하고자 할 때 물의 무서운 복수는 시작된다. 물은 처음에는 누구나 쉽게 어디에서든 값싸게 구할 수 있는 자유재로 출발해서 → 수자원 → 공공재 → 안보와 직결되는 전략적 자원으로 그 지위가 격상되었다. 이제 물은 자연 상태에서 얻기 위해서는 노동이 수반되지 않고는 누구나 그냥 쉽게 공짜로 쓸 수 있는 자유재가 아니다. 물다운 물은 비용이 수반되는 자원으로 개발해야 비로소 사용할 수 있다. 공급량이 수요량에 비해 상대적으로 희소한 경제재이기도 하다. 인류문명의 발달과 더불어 물에 대한 수요량은 계속 증가하고 있는데 개발에는 여러 가지 장벽이 있어 석유보다 더 중요한 자원이 되었다. 석유자원은 원자력, 수력, 풍력 등 이를 대체할 자원이 있지만 물은 대체 할 자원이 없다. 물은 세계 어디에서나 강수량이 계절별로 편기되어 있고 부존량도 지역별로 천차만별이다. 때문에 일반상품처럼 무역을 통한 수입도 쉽지 않다. 다행히 물은 한번 소비해도 다시 재생해서 사용이 가능한 자원이다. 물의 압도적 사용처는 농업분야이다.

현대는 '물 안보' '물 전쟁' '블루 골드(푸른 황금)'란 용어까지 등장한 시대이다. 1958년 미국「국가기본계획에 있어서의 수자원」이란 보고서에서 세계 최초로 물에 '자원'이란 단어가 추가되었고 그 후부터 물은 그냥 물이 아닌 '수자원(水資源)'이란 용어로 사용하기 시작했다. 우리나라에서는 1966년 4월 23일 제정된「특정 다목적 댐 법」에서 '수자원'이란 용어가 등장했다.

우리나라는 예로부터 우리 강산을 금수강산(錦繡江山), 산자수명(山紫水明)한 나라라고 불러왔다. 그래서 물은 값을 논하지 않는 누구나 공짜로 구하고 마실 수 있는 대표적인 자유재였다. 때문에, 맑은 물은 얻는데 대가를 지불하지 않아도 되는 가치를 논할 필요가 없는 싼 것의 상징이었다. 때문에 현재 우리가 일상생활에서 쓰고 있는 말에서도 과거의 '물의 위상'을 발견할 수 있다. 물 먹인다. '물먹었다, 돈을 물 쓰듯 쓴다'와 같은 것이다.

21세기에는 풍부한 수량과 질 좋은 물을 보유한 국가를 자원대국이라 부른다. 환경분야 학자들은 앞으로 국제사회에서 국가 간 경쟁은 수자원보유국가와 비 보유국가 간의 경쟁으로 귀착될 것이라고 예고하고 있다.

스위스는 세계가 알아주는 안보의 모범국가이다. 이 나라는 각 가정마다 혹시라고 일어날지 모르는 전쟁에 대비, 각 가정에 반드시 지하 방공호를 건설하고 2주일분의 비상식량과 물 비축을 의무화하고 있다. 전쟁이 나면 적의 제일차 공격목표는 상대국의 상수도시설이다. 상수도 시설을 파괴해버리면 해당 지역 국민들에게 물을 공급할 수 없다. 위생적인 물 공급받지 못하면 일상생활은 물론 고업용수가 없어 공장을 돌릴 수 없다. 밥이나 빵은 하루 이틀 정도 굶어도 견딜 수 있지만 물을 마시지 않고는 하루도 살 수 없다. 따라서 전시에는 물의 확보가 식량보다도 더 중요한 전략적 자원이다. 아프리카 르완다, 부룬디. 소말리아의 내전 시 오염된 물을 마시고 사망한 사람의 수가 전투에서 사망한 전사자의 수를 압도했다.

현재도 물을 외국으로부터 수입하는 국가가 있다. 싱가포르와 중국에 넘어가기 전 과거의 홍콩이다. 싱가포르는 말레이시아에서, 홍콩은 중국 본토에서 수입해서 사용했다. 동물의 왕국처럼 강자가 모든 것을 지배하는 국제정세 속에서 만약의 경우 물 공급국가인 말레이시아나 중국이 어느 날 갑자기 물을 단수해버리면 싱가포르나 홍콩은 한순간에 국가의 모든 기능이 마비되고 국가의 존립 자체가 최악의 위험에 처하게 된다. 홍수가 발생했을 때도 수해지역의 수재민들이 가장 먼저 요구하는 것도 식량이 아닌 위생적인 물이다.

수자원을 둘러싼 국가 간의 분쟁도 일어난다. 인류 역사를 보면 물꼬를 차지하기 위한 투쟁의 역사라 해도 과언이 아니다. 물꼬 투쟁이 얼마나 심했던지 영어의 경쟁자를 뜻하는 Rival은 강을 의미하는 River에서 유래된 말이다. 지금까지 인류가 경험해 왔던 모든 사회의 역사는 물 투쟁의 역사라고 해도 과언이 아니다. 미국의 소설가 마크 트웨인은 "위스키는 마시기 위해 있다면, 물은 싸우기 위해 있었다"고 주장했다.

유사 이래 지금까지 계속되고 있는 중동의 이스라엘과 팔레스타인(PLO) 간의 전쟁과 평화협상의 핵심적인 내용을 파고 들어가 보면 물이 귀한 사막에서의 생명수 확보를 위한 전형적인 물꼬싸움이다. 1994년 10월 27일 이스라엘 라빈 총리와 요르단의 후세인 왕이 조인해서 체결된 양국 간 협정의 명칭을 살펴보면 놀랍게도 "수자원 및 국경에 관한 협정"으로 되어 있다. 이들 양 당사자들은 협정서에 '영토'보다 '수자원'이라는 용어를 먼저 사용할 정도로 물이 가장 중요한 협상 대상이었다. 갠지스강을 둘러싼 인도와 방글라데시의 분쟁도 끊이지 않았다.

나일강의 수자원 이용을 둘러싼 이집트와 에티오피아 간의 대립 격화로 고 사다트 이집트 대통령은 나일강의 수자원 방어를 위해서는 전쟁도 불사하겠다고 에티오피아에 경고하기도 했다. 중국이 현재 6개국이 함께 사용하고 있는 공유하천인 메콩강 상류에 공사비 220억 달러, 저수량 149억 톤의 초대형 '샤오완(小灣)댐' 건설을 추진하자 태국, 베트남, 라오스, 미얀마, 캄보디아 5개국이 집단으로 거세게 반발했다.

북한강과 임진강의 물을 둘러싼 남북한의 대립. 북한이 비무장지대 북방 상류에 건설한 "4월 5일 발전소(내평, 장안댐)", 금강산댐

(임남댐), 이밖에 포천1 · 2댐, 전곡댐, 신명리댐, 조정지댐 등을 완공했거나 거의 완공단계에 있다. 북한은 해발 300-400m에 위치한 이들 8개 댐에서 태백산맥을 관통, 총 100km의 수로를 만들어 북한강과 임진강의 물을 태백산맥 동쪽으로 돌려 300m의 낙차를 이용, 유역변경식으로 안변발전소에서 전력을 생산한다. 이처럼 북한은 임진강과 북한강 상류에 8개의 댐을 건설, 임진강과 한강 하류로 흘러내려와야 할 물길을 동해 쪽으로 돌림으로써 공유하천 이용에 대한 국제법을 위반하고 있다.

02

물과 같은 마음을 지닌 사람이 되어라

물처럼 유용함을 갖춰라

물은 인간생활의 필수재(必修財)이다. 성공을 원한다면 내가 소속된 조직, 사회, 그리고 크게는 국가에 필수적인 인물이 되어야 한다.

물은 인간생활에 잠시도 없으면 우리의 삶이 불가능한 절대 필수재이다. 때문에 물을 떠난 인간생활은 상상할 수 없다. 물은 사람에게 생활용수, 공업용수, 농업용수, 기타 여러 가지 용도로 쓰이는 유용한 자원이다. 인류의 출현도 물에서 시작되었고 우리 인생의 마무리도 물로써 끝낸다. 물은 생명의 원천이다. 만물에 생명을 불어넣고 모든 생물을 양육한다. 月火水木金土日의 한 주일(週日)에도 水曜日(물)이 한가운데 자리잡고 있다.

네 자신이 없으면 소속된 회사, 학교, 모임, 사회, 그리고 심지어 국가의 존립이 성립이 안 될 정도로 반드시 있어야 할 필수적 인물이 되어야 한다. 역사적으로 올림픽경기는 인류 공통의 평화의 제전으로 경쟁에서 얻는 성적보다 경기에 참가하는 데 큰 의미를 두어왔었는데 이를 올림픽정신이라 했다. 그러나 시대가 변했다. 이제는 올림픽도 국가 간 경쟁이 치열해지고 상업주의로 변질되면서 경기 자체에 '참가'하는 것보다는 '메달'을 딴 사람들만 영웅으로 대접을 받고 부와 명예를 독차지하는 시대다. 따라서 경쟁의 최고인 1등 금메달을 딴 선수가 아니면 누구도 그를 잘 기억하지 못한다. 이제 올림픽경기도 메달을 따는 데 뜻이 있는 시대로 변하고 말았다. 적어도 내가 소속된 조직에서 부채적 인물이 되어서는 안 된다. 반드시 자산적 인물이 되어야 한다. 바닷물이 3%의 염분 때문에 썩지 않는 것처럼 내가 속한 조직에서 3%에 해당하는 존재가 되어야 한다. 앙금 없는 찐빵은 찐빵이 아니다. 앙금처럼 어디에서나 변두리가 아닌 중심에 입지하는 찐빵에서 앙금 같은 존재가 되어라.

물처럼 겸손함을 지녀라

물은 흘러야 한다. 흐르는 것이 순리이다. 물은 겸손하게 자기를 낮추면서 높은 데서 낮은 데로 흐른다. 산은 옛 산이로되 물은 옛 물 아니로다. 흐르고 또 흐르니 옛 물이 있을 소냐. 옛시조처럼 물은 끊임없이 움직이고 이동해야 한다. 늘 깨어 있어야 한다. 물은 윗물이 맑아야 아랫물도 맑다. 고인 물은 썩는다. 중동 이스라엘에 있는 갈릴리 호수는 상류(시리아 고란고원)에서 물을 받고 하류로 흘려보내기 때문에 물이 맑다. 그러나 들어오는 물을 흘려보내지 않고 항상 물이 고여 있는 사해는 죽음의 바다다.

노자는 도덕경에서 "물은 만물을 이롭게 하지만 다투지 않고 모든 이가 싫어하는 자리로 흘러간다(水善利萬物而不爭, 處衆人之所惡)고 했다. 2015년 8월 4일 반기문 유엔사무총장이 버럭 오바마 미국대통령 54세 생일을 맞아 백악관 집무실에서 도덕경에서 명 구절 중 하나인 "上善若水" 즉 최고의 선은 물과 같다는 휘호를 선물했다.

손자는 손자병법에서 피고이추하(避高而趨下)라!. 물은 자신을 낮추고 모든 사람들이 가장 싫어하는 낮은 곳으로 흐른다. 모든 사람들이 낮다고 비웃을 때 물은 이를 개의치 않고 아래로 흘렀기에 결국에는 큰 강이 되고, 거대한 바다를 만든다. 즉 우리의 삶에서 최후의 승자는 잘났다고 거드럼을 피우는 사람이 아니라 진정 물처럼 낮은 곳으로 임하는 사람이라는 것이다. 손자는 물은 높은 데를 피하고 아래로 흐른다고 강조했다. 결국 전쟁에서도 적의 강한 곳을 피하고 빈 곳을 치며 공격해야 승리할 수 있다는 것이다. 자신의 힘이 강하다고 과신해서 상대방과 높은 곳을 차지하기 위해 다투면 여기에는 힘은 배가 들어가고 효과는 반감된다. 반대로 자신을 낮추고 적의 빈 곳을 치고 들어가면 힘은 적게 들고 효과는 배가 되는 것이다.

卜字哲學의 원리를 따르라 그리고 성공을 원한다면 내 주위에 멘토 3명을 두어라.

〈卜자철학〉의 원리는 이 복자를 써놓고 세상 모든 사람들에게 한 획을 쓰라고 하면 인간은 누구나 스스로 높아지고 싶은 욕망 때문에 복자의 위에다 한 획을 긋는다. 그러면 이 글자는 아래 하자(下)가 되고 만다. 높아지려다 오히려 낮아지는 결과가 되는 것이다. 반대로 겸손하게 복자의 밑에 한 획을 그으면 위 상자(上)가 된다. 이 복자철학의 원리는 내가 스스로 높아지려고 하면 낮아지고 스스로 자기를 낮추면 높아진다는 진리를 가르쳐주는 철학이다. 만나는 사람 모두에게 무엇인가 배울 수 있는 사람이 세상에서 제일 현명하다. 남을 찬미할 수 있는 사람이 진정으로 명예로운 사람이다.

물처럼 유연함을 지녀라

천하에 물보다 부드럽고 약한 것이 없지만 굳세고 강한 것을 꺾는 데 물보다 나은 것이 없다. 중국 춘추전국시대의 사상가 노자는 도덕경에는 "부드러운 게 강한 것을 이긴다"고 주장했다.

한때 세계 골프계를 주름잡던 타이거 우즈야말로 지금 바로 물의 지혜, 유연성을 배워야 할 장본인이라 하겠다. 역동적이고 화끈한 그의 스윙에 세계 모든 골퍼들이 열광해 왔고 세계 거의 모든 골프 연습장 벽에는 그의 연속 스윙 사진으로 도배되어 있었다. 하지만 그는 지난 20년 동안 크고 작은 부상에 시달려 왔다. 원인은 바로 역동적인 스윙 때문에. 팔 다리 어깨 목 성한 데가 없을 정도다. 마침내 허리까지 무리가 왔다. 노장골퍼 중에서 젊은 선수들과 경쟁하는 선수들은 한결같이 "물 흐르듯" 부드러운 스윙의 소유자들이다. 우즈야말로 이제는 물의 유연성을 배워 스윙을 부드럽게 한다면 앞으로 영원히 세계 골프계를 주름잡을 수 있을 것이다.

물처럼 포용하라

물은 들어오는 것은 말없이 모든 것을 받아들인다. 오염된 물, 심지어 독극물이 들어와도 이를 배척하지 않는다. 어머니 품같이 모든 것을 포용한다. 미국이 세계에서 모든 민족을 받아들이는 대표적인 포용성을 지닌 국가다. 세계 도처에서 미국으로 이민이 몰려드는 것도 누구든 받아들이는 포용성 때문이다. 우리나라처럼 최근 인구감소로 세계가 고민하고 있지만 미국에는 오늘도 세계에서 사람들이 몰려와 인구문제는 신경도 쓰지 않는다.

물처럼 융통성을 발휘하라

물은 필요에 따라 기체, 액체. 고체로 변하고 물을 담는 용기에 따라 형태가 자유자재로 변한다. 물은 평지에서는 서서히 흐르지만 절벽을 만나면 상황에 맞게 폭포로 변해 힘찬 물줄기를 내뿜는다. 물은 흘러가는 앞에 놓여있는 지형에 따라 자신의 물줄기를 바꾼다.(水因地而制流) 담는 그릇에 따라 모양이 변한다. 3각 4각, 원, 타원형 등 변신의 귀재이다. 물은 액체로 고정되어 있지 않기 때문

에 어떤 그릇에도 담길 수 있다. 물은 흘러가다 물길이 막히면 땅
으로 스며들고 바위 같은 장애물을 만나면 돌아가고 절벽을 만나
면 폭포로 변신한다. 가다가 웅덩이를 만나면 웅덩이에 물이 찰 때
까지 기다리며, 얼마 동안 쉬어간다. 강의 모양에 따라 직선으로,
곡선으로 때로는 원형으로 형태가 바뀐다.

물의 탁월한 환경적응력을 우리는 배워야 한다. 군대의 모습도
적(相對方)의 모습에 따라 승리하기 위해 신속히 전술을 통해 바꾸
어야 한다.(兵因敵而制勝) 상황이 변하면 그 상황에 맞게 전략과 전
술을 유연하게 바꾸어야 전쟁에서 승리할 수 있다. 어제 전선에서
승리한 전략으로 오늘 또 승리할 수 있을 것으로 생각하고 그대로
답습하는 순간 바로 처절한 패배로 이어지고 만다.

여기에 자신이 처한 최악의 상황과 여건을 극복하고 몽골민족
의 칸으로 올라선 후 그의 탁월한 리더십으로 한때 세계를 정복한
위대한 정치가 칭기스칸의 리더십을 소개한다. 칭기스칸을 평가한
저서, '칭기스칸의 리더십 혁명'(김종래 저, ㈜ 크레류, 2006년)'의 핵
심내용을 발췌했다.

▷ 집안이 나쁘다고 탓하지 말라. 나는 어려서 아버지를 잃고 고
  향에서 쫓겨났다. 어려서는 이복형제와 싸우면서 자랐고, 커
  서는 사촌과 육촌의 배신 속에서 두려워했다.

▷ 가난하다고 말하지 말라. 나는 들쥐를 잡아먹으며 연명했고
  부족장이 된 뒤에도 가난한 백성들을 위해 적진을 누비며 먹

을 것을 찾아다녔다. 나는 먹을 것을 훔치고 빼앗기 위해 수많은 전쟁을 벌였다.

▷ 작은 나라에서 태어났다고 말하지 말라. 내가 세계를 정복하는 데 동원된 몽골인은 병사로는 고작 10만, 백성으로는 어린애, 노인까지 합쳐 2백만도 되지 않았다.

▷ 배운 게 없다고, 힘이 없다고 탓하지 말라. 나는 글이라고는 내 이름도 쓸 줄 몰랐다. 대신 나는 남의 말에 항상 귀를 기울였고, 나는 힘이 없기 때문에 평생 친구와 동지들을 사귀었다.

▷ 너무 막막하다고, 그래서 포기하겠다고 말하지 말라. 나는 목에 칼을 쓰고도 탈출했고, 땡볕이 내리쬐는 더운 여름날 양털 속에 하루종일 숨어 땀을 비 오듯이 흘렸다. 나는 사랑하는 아내가 납치됐을 때도, 아내가 남의 자식을 낳았을 때도 눈을 감지 않았다. 숨죽이는 분노가 더 무섭다는 것을 적들은 알지 못했다. 뺨에 화살을 맞고 죽었다 살아 나기도 했고 가슴에 활을 맞고 꼬리가 빠져라 도망친 적도 있다. 나는 전쟁을 할 때엔 언제나 죽음을 무릅쓰고 싸웠고 그래서 마지막에는 반드시 이겼다.

▷ 나는 전쟁에 져서 내 자식과 부하들이 뿔뿔이 흩어져 돌아오지 못하는 참담한 현실 속에서도 절망하지 않고 더 큰 복수를 결심했다. 숨이 끊어지기 전에는 어떤 악조건 속에서도 포기하지 않았다. 숨을 쉴 수 있는 한 희망을 버리지 않았다. 나는 흘러 가버린 과거에 매달리지 않고 아직 결정되지 않은 미래

를 개척해 나갔다. 알고 보니 적은 밖에 있는 것이 아니라 내 안에 있었다. 그래서 나는 그 거추장스러운 것들을 깡그리 쓸어버렸다. 나 자신을 극복하자 나는 칭기스칸이 되었다. 강한 자가 살아남는 것이 아니라 살아남는 자가 강한 것이다.

놀라운 환경적응력을 가진 민족은 이스라엘 민족이다.

이들은 창조적 사고를 한다. 이스라엘은 강원도 크기의 국토에 인구는 700만 명에 불과하다. 이들은 갈릴리 호수에서 물을 길러 500킬로미터 길이의 송수관을 매설, 국토의 70%가 사막인 전 국토를 농업생산기지로 만들어 오렌지 등 염분을 함유한 물에 강한 농작물을 재배해서 세계에 수출하는 농산물 수출국 반열에 올랐다.

우리 민족도 놀라운 융통성을 지닌 민족이다. 의, 식, 주에서 우리 민족만큼 융통성이 있는 민족을 이 지구상에 찾아볼 수 없을 것이다. 먼저 의생활을 보자. 우리의 전통의복인 한복에는 치수가 없다. 대충 크기에 따라 대, 중, 소로 만들어 입을 수 있는 아주 편리한 옷이다. 주생활을 보면. 세계에서 문에 문풍지를 다는 민족은 없다. 집을 지을 때 대충 문을 만들고는 이때 문의 아귀가 맞지 않아 문 틈새로 바람이 들어오면 문풍지를 달아 방풍을 한다. 음식문화도 재미있다. 잔치를 벌였는데 예상외로 손님이 많이 와 술이 부족하면 막걸리 독에 물을 몇 바가지 부으면 양이 해결된다. 탕반으로 된 음식에도 양이 부족하면 국물을 조금 더 부으면 그만이다. 서양 사람들은 감히 상상도 해낼 수 없는 놀라운 융통성이다. 언어

생활도 독특하다. 술집에 가면 손님들은 웨이터에게 "맥주 서너 병 가져 오시오"라고 주문한다. 숫자상으로 세 병인지 네 병인지 확실치 않다. 그러나 종업원들이 실수하는 법은 없다. 손님수를 보고 틀림없이 많지도 않고 모자라지도 않게 가져온다. 더욱 놀라운 것은 종업원에게 "알아서 가져오라"고 주문한다. 외국인들이 이를 보면 기절할 일이다. 진짜 알아서 알맞게 가져온다. 의전 분야에서도 회식이나 회의 때 외국과는 달리 거의 대부분의 경우 좌석배치 명패가 없다. 그러나 놀랍게도 참석자들은 알아서 자기 자리를 차지한다. 눈치 없이 자신의 분수에 맞지 않는 자리에 앉으면 그 사람은 행사 내내 참석자들의 눈총을 받게 되고 결국에는 그 장본인은 시간이 지나면서 그 모임에서 따돌림을 당하고 만다.

야구선수 류현진이 LA다저스에서 괴물투수가 된 이유도 바로 그의 놀라운 적응력 때문이다. 등판이 이어질수록 류현진의 피칭은 좋아지고 있다는 평을 받고 있다. 상황에 따라 구종을 달리하고 주심의 성향에 맞춰 스트라이크 존을 좁게, 넓게 활용한다. 오래전 콜로라도 전에서 류현진은 심판으로부터 누가 봐도 스트라이크인 공을 석연찮은 볼 판정을 받았다. 메이저리그의 다른 투수라면 이 경우 심판에게 항의도 하고 불만을 표시하고도 남을 텐데 류현진은 경기가 끝난 후 "왜 심판에게 항의하지 않았느냐"라는 기자들의 질문에 그는 태연하게 "야구경기에서는 투수가 심판에 맞춰야 한다"고 한마디. 류현진은 심판 탓을 하다가 스스로 무너지는 다른 많은 투수들과는 격이 다른 선수이다.

미국 로키산맥 3,000미터 높이의 수목 한계지대에는 나무가 곧게 자랄 수 없다. 매서운 바람과 눈보라 속에서 살아남기 위해 나무는 자신의 몸을 최대한 낮춰서 자란다. 이를 "무릎 꿇은 나무"라고 부른다. 볼품없이 구부려져 자라는 이 나무가 세계 최고의 명품 바이올린을 만드는 재료로 쓰인다.

물처럼 다양성을 지녀라

물은 온도와 상황에 따라 기체. 액체, 고체로 변한다. 한국 프로농구에서 어느 해인가 통상 5회 우승을 차지했던 울산 모비스팀의 유재학 감독, 그는 경기 때마다 다양한 작전과 치밀한 수 싸움 덕분에 '만수(萬手)'라는 별명을 얻었다. 유 감독은 2004-2005시즌에서 감독으로 부임한 이후 모비스를 리그 최강팀으로 탈바꿈시켰다. 전, 현직 남자프로농구 감독 가운데 유일하게 한 팀에서 10시즌 연속 사령탑을 맡고 있는 유 감독은 적재적소에 선수를 기용하는 능력과 다양한 작전 구사를 앞세워 프로농구 최다승 감독(465승 372패)에 이름을 올렸다. 그는 신인을 발굴하고 '식스맨'을 적극 활용하는 용병술로 주전 선수들의 부상 공백을 메웠다.

물처럼 인내심과 끈기를 길러라

작은 물방울이 그 단단한 바위도 뚫는다. 빗방울이 처마 아래 뎃돌에 구멍을 낸다.(水能穿石)

미국 앨리조나 주의 세계적인 관광지 그랜드 캐니언도 비와 바람의 힘으로 만들어진 작품이다. 코로라도 주의 대협곡도 비와 바람의 작용에 의해 창조된 것이다. 시련을 통해 인간은 현명하게 된다. 매미는 굼뱅이에서 성충인 한 마리의 매미가 되기까지 무려 5-10년 간 땅속에서 기다리다. 땅에서 나와 허물을 벗고 매미가 되어 세상에 나와 생을 시작하는데 겨우 1주일 정도 살다가 일생을 마감한다. 미국의 발명가 에디슨은 백열등을 발명하기까지 무려 2000번의 실패를 거듭했다. 에디슨은 실패에서 성공을 터득한 것이다.

지난 2011년 미국 프로골퍼 해리슨 프레이자(40세)는 프로데뷔 14년 만에 PGA 첫 우승, 354번 도전해서 355전 만에 승리한 것이다. 한국의 허윤경 프로는 만년 2인자, 준우승 징크스라는 꼬리표를 떼고 2013년 KLPG투어 우리투자증권 레이디스 챔피언십에서 프로 데뷔 4년 만에 첫 우승, 59전 60기였다. 남자프로 김승혁(28)은 2005년 투어에 뛰어든 지 10년, 101번째 도전 끝에 SK텔레콤 오픈에서 생애 첫 승을 일궈냈다. 독일 오페라 가수 윤태현은 유럽 콩크르에서 14번이나 입상에 실패한 후 결국 성공해서, 지금은 독일 오페라계에 주인공으로 명성을 떨치고 있다. 그는 귀국 기자회견에서 "배움은 끝이 없다고 말하면서 실력은 결코 배신하지 않는다"고 강조했다.

언젠가 반드시 밀물은 들어온다.

작은 배를 타고 대서양을 건너다 바다에서 폭풍우를 만나 동료들은 다 죽고 혼자 살아남아 무인도에 고립된 지 몇 년이 된 사나이, 우연히 섬 주위를 지나가다 무인도에서 사람을 발견한 한 화물선의 선장이 섬에 배를 정박하고 상륙해보니 한 사나이가 있었다. 그 사나이는 조난당할 당시 그가 유일하게 지니고 있었던 칼 한 자루로 무인도에서 탈출하기 위해 배를 만들고 있는 중이었다. 이 광경에 충격을 받은 선장이 사나이에게 물었다. "무얼 하고 있습니까?". 사나이는 "배를 한 척 만들고 있었습니다"라고 대답하는 것이었다. 선장 왈 "이 망망대해 넓은 바다에서 어떻게 하려고요?" 사나이는 태연하게 "언젠가 밀물이 들어오면 섬을 탈출하려고요." 사나이는 밀물이 반드시 들어올 것이라는 확신을 가지고 탈출 준비를 하고 있었던 것이다.

우리은행 수장으로 올라선 이순우 행장. 그가 행장이 된다는 것은 낙타가 바늘구멍에 들어가는 확률이었다. 1만 5천 명 직원을 거느린 우리은행에 그는 말단 행원으로 은행생활을 시작해서 행장까지 승진하는 데 성공했다. 그는 명문중학, 명문고, 명문대학입시에 연거푸 실패했고 사법시험에 도전했으나 역시 실패, 이른바 명문대 출신이 아닌 성균관대 출신으로 행장에 올라가는 데 성공한 입지전적 인물이다.

표면적으로 아름다운 삶으로 비춰지고 위대하게 성공한 인생의 뒤안길을 더듬어보면 거의 예외 없이 세상 사람들이 모르는 처절한 고난과 시련, 역경이 숨어 있다. 그러기에 우리의 옛 선현들은 고통 없는 아름다움은 향기 없는 꽃과 같다고 설파했다.

세상에 존재하는 모든 터널에는 반드시 끝이 있다. 하지만 그 끝은 어둠을 헤치고 묵묵히 앞으로 나아가는 자에게만 허락된다.한 일양국이 공동개최한 2002년 월드컵경기 당시 한국이 이루어낸 세계 4강신화의 주인공의 한 사람인 유상철 국가대표선수, 그는 국가대표선수가 되기 전 경기 중 사고로 왼쪽 눈의 시력을 잃고 말았다. 그러나 그는 이런 시련에도 좌절하지 않고 피나는 노력과 연습으로 국가대표에 선발되는 성공신화를 창조해냈다. 그리고 그는 4강신화를 창조하는데 주역으로 활약했다. 우리의 삶에서 세상을 살아가다보면 전혀 예기치 않았던 시련과 위기가 닥쳐오곤 한다. 대부분의 사람들은 이 시련과 위기 앞에서 무릎을 꿇기도 하지만 의지력과 정신력이 강한 사람들은 닥쳐온 시련과 위기를 새로운 기회와 긍정적인 변화로 바꾸어 마침내 성공하기도 한다.

물처럼 용기를 지녀라

필요하면 높은 절벽에서 몸을 던져 뛰어내려 폭포로 변한다.

물처럼 대의를 향해 나아가라

유유히 흘러 결국에는 강을 거쳐 마침내 바다를 이룬다.

물처럼 정화력을 키워라

물은 모든 것을 녹여 깨끗하게 정화한다. 그래서 우리는 물은 만능 용매(universal solvent)라 말하는데, 물은 이 세상의 다른 어떤 액체보다 더 많은 물질을 녹일 수 있다. 이는 물이 흐르는 곳이라면 땅 위든, 나무 속이든, 또는 우리 몸속이나 피부 위를 흐르든, 흐르면서 그 안에 무엇인가를 함께 운반한다. 이때 운반되는 물질들은 비타민이나 미네랄 등 우리에게 필요한 양분일 수도 있고 중금속이나 PCB와 같은 독성 내지는 불순물일 수도 있다.

흐르는 물처럼 살아라

인간이 교만하게 물을 무시하거나 자연환경을 파괴하면 물은 인간에게 반드시 무서운 재앙을 안겨 보복한다. 물은 인간에게 끝까지 인내해 주지만 인간이 분수를 잃고 계속 물을 괴롭히고, 교만하게 굴면 재해라는 무서운 채찍을 내려친다. 홍수, 우박, 폭우, 폭염, 태풍, 폭설, 가뭄으로 인간과 인간이 건설해 놓은 문명을 파멸시키기도 하고 무서운 징벌을 내리기도 한다. 최근 인간의 자연파괴에 따른 지구의 온난화, 산성비. 엘리노 현상, 심각한 가뭄 등이 바로 물이 인간에게 안겨주는 치명적인 재해성의 작은 부분들이다.

그래서 귀신 중에 가장 무서운 귀신을 '물귀신'이라 한다. 정말 치사한 귀신이다. 물귀신은 건방진 인간을 깊은 물 속으로 끌고 들어가서 수장시킨다. 물귀신에게 한번 걸리면 빠져나올 수 없다.

자연스럽게 흐르는 물길을 인간이 함부로 돌리면 물은 반드시 보복을 한다. 흐르는 물을 함부로 가두면 물은 우리에게 재해를 안겨준다. 이명박 정부 때 전 국토를 대상으로 한꺼번에 건설한 4대강의 보는 홍수조절 등 순기능도 있지만 보에 고이는 물의 정체로 녹조현상을 일으키는 주범이 되기도 하고 있다.

물을 우습게 알고 함부로 오염시키면 우리에게 무서운 질병을 가져다준다. 대표적인 수인성 질병은 미나마타병, 이타이이타이병 등이 있다. 물이 화가 나면 얼마나 무서운가 하면 화재가 난 자리에는 무언가 남는 것이 있지만 물이 할퀴고 가버린 수해에는 모든 것을 흔적도 없이 쓸어 가버리고 남은 것이 없다.

　우리의 사회생활에서도 매사에 무조건 참기만 하면 결국에는 누구나 나를 무시하고 병신 취급을 당하게 된다. 때문에 우리의 사회생활에서도 우리는 물처럼 때로는 화를 낼 줄 아는 사람이 되어야 한다. 대인관계에서 무골호인이라는 평가를 받으면 등신과 같다는 뜻과 일맥상통한다는 사실을 알아야 한다. 인간관계에서 친구들로부터 계속 당하다 보면 나중에는 정신병에 걸리고 만다.

저자약력

- 李 太 敎 (이 태 교)

학력
- 1961년 연세대학교 정치외교학과 졸업
- 1978년 서울대학교 경영대학 최고경영자과정 수료
- 1985년 한양대학교 대학원 행정학박사

경력
- 1960년 한국일보 정치부기자(최고회의, 외무부, 국회 출입기자)
- 1965년 주일특파원으로 한일회담 취재
- 1965년 중앙일보 정치부기자(청와대 출입기자)
- 1968년 삼성그룹, 회장 비서실 근무
- 1984년 동부그룹, (주)한국자보서비스 대표이사
- 1989년 한국수자원공사 사장
- 1995년 한성대 대학원 원장(경영, 행정, 통상정보, 예술대학원장 겸직)
- 1999년 세계부동산연맹(FIABCI) 한국대표부 회장 겸 이사회 부회장
- 2003년 서울부동산포럼 창립회장(現)
- 2008년 서울사이버대학 부동산학과 석좌교수
- 2008년 영국왕립평가사협회(RICS) 펠로우 회원(現)
- 2018년 한중(韓中)부동산포럼 회장(現)

상훈
- 1991년 한국수자원공사 사장으로 기여한 공로로 은탑산업 훈장 수상 (대통령)
- 1991년 23개 정부투자기관 경영평가에서 노사협조 모범기관으로 수상 (부총리)

-1992년 23개 정부투자기관 경영평가에서 최우수상(1위) 수상 (부총리)

-1992년 정부투자기관 중 정부경제시책 홍보모범기관으로 수상 (부총리)

-1992년 한국능률협회 주관의 한국산업 교육대상 관리교육상 수상

-1995년 자랑스런 군성인(경북대 사범대학 부속고등학교 총동창회)상 수상

-2016년 부동산산업 발전에 기여한 공로표창 수상(국토교통부 장관)

주요저서

-부동산마케팅(공저), 법문사, 1997

-물, 환경, 인간, 법문사, 2000

-부동산업 성공비결 33계명, 도서출판 대한공인중개사협회, 2003

-토지정책론, 법문사, 2001, 제2판 2006

-경제에는 공짜가 없다, 도서출판 줌, 2014

-지도자의 통치력과 국가의 흥망, 도서출판 줌, 2014

-부동산정책론(3인 공저) 제4판, 법문사, 2018.

-부동산마케팅(2인 공저), 법문사, 2016.

이태교의 성공학 개론

초판 1쇄 발행 2024년 1월 22일
초판 2쇄 발행 2024년 6월 5일

지은이 이태교
펴낸이 김재광
펴낸곳 솔과학
편 집 다락방
영 업 최회선
디자인 miro1970@hotmail.com
등 록 제02-140호 1997년 9월 22일
주 소 서울특별시 마포구 독막로 295번지 302호(염리동 삼부골든타워)
전 화 02)714-8655
팩 스 02)711-4656
E-mail solkwahak@hanmail.net

ISBN 979-11-92404-71-4 03320

ⓒ 솔과학, 2024
값 23,000원